兩岸迷宮遊戲

三民叢刊43

楊渡著

三民書局印行

「迷宮」中的足跡——序

楊渡

試圖了解兩岸關係，加以報導及研究，是我這幾年來主要的興趣所在。應該說對兩岸關係感到興味的原因，係緣於我對臺灣命運的長期的好奇與關注，對個人而言，它毋寧是解答個人與家族命運的追尋答案的過程。

大學時代，自修地讀了眞實量少得近乎可憐的中國近代史。那時美麗島事件剛發生不久，我想從近代史中找答案，卻發現國共鬥爭史及由左向右轉的國民黨史，謎團變得更多。研究所時期，轉而讀了臺灣近現代史的一些書籍。說來荒謬，做爲藝術研究所的學生，卻把精力花在追索臺灣命運之謎上。然而當時竟情不自己地陷入追索的迷宮之中。研究所的畢業論文因而是〈日據時期臺灣話劇活動之研究〉。

畢業前夕，我曾以爲終生的選擇應是文學創作之路，以爲歷史與命運之探索乃是一種藝術創作之準備，但面臨的問題卻是：到底什麼是臺灣的現實呢？我眞的了解嗎？

對現實的關注與味與對未來命運的探索之心，驅使我自一九八六年開始連串的調查採訪，時在《時報新聞周刊》的工作提供了此種機會與方便。就這樣，約莫以二年餘時間在各地飄浪，拍照採訪。試圖由民間力量的觀點、以政治經濟學的分析方法，解剖臺灣社會，並結集爲二本書，卽《民間的力量》與《強控制解體》。但結論卻與最初期望相反，臺灣社會並非處於革命前夕的羣眾運動，而是資本主義化過程中，經濟基礎轉變，而政治權力分配未配套地轉變的矛盾，它將會經歷解體之過程，而非崩潰。這階段性矛盾並非推翻經濟制度或推翻所有制之革命，而是尋找社會結構平衡之重新定位。

至此，已大略明白了臺灣內部社會動力之大致的方向，關注焦點又轉向兩岸關係。一如探索命運之範疇有內部力量與外部力量，與趣開始轉向主宰臺灣命運之外部力量——中國大陸。

自一九八八年，以個人身份探親始，我曾十幾次以《中時晚報》記者身份出入大陸採訪，中間並歷經六四事件。隨著兩岸交流的發展與深化，終而逐漸明白兩岸關係對臺灣命運的影響力在未來時間中，只會加強，不會弱化。對兩岸的發展遂演變爲「客觀統一論」，卽經由兩岸之經濟的、文化的、貿易的交流，逐漸形成牢固經濟關係，在民間形成不可分割之網路，最後再論及政治之統一方法與體制定位。它的時間表因而是難以預估的，而雙方之影響亦是互相激宕的過程，而非大陸單向，或臺灣單向之影響。

收集在本書中的，卽是個人探索的初步報告，它若有與其它研究不同之處，應是緣於臺灣採訪經驗中累積的「民間觀點」，對兩岸關係與大陸發展作不同的敍述，但不足之處亦在此，民間之範疇龐大又複雜，非三言兩語所能敍清，且以個人能力掌握有限，兩岸交流之龐雜與大陸地域之遼闊，有時反而只能憑個人之觀察來進行論述。這也卽是缺點的所在。

感謝中時報系的支持，讓我得以在這幾年間憑個人之力，四處流浪，摸索這「命運的迷宮」，而學習成長。更應感謝妻子、家人與朋友的協助與討論，雖然朋友、長輩分處兩岸，但在我追索過程中的友愛與鼓勵，更教我懷著同樣的感激之心。

本書所收集者是自一九八七年九月宣佈開放探親時所寫作的〈互補結構〉，以迄於最近所寫的〈中共對臺新聞發佈之研究〉。作爲一個新聞工作者總期許自己應較別人能早一步預見社會的發展趨勢，在兩岸關係的發展上，請容許我有小小的自信。一九八七年九月剛宣佈開放探親而尚未實現時，在《自立晚報》專欄中卽曾爲文分析臺灣經濟結構面臨中小企業黃昏、美國進口設限及開放探親等客觀條件，會使商人在大陸尋找企業的「第二春」。這趨勢乃是政府無法阻擋的，且依兩岸之經濟結構對比，應會形成「互補結構」。而今看來，出超額中，大陸已佔三十一％，而兩岸又漸形成垂直分工，加工出口型工業紛紛外移至大陸，顯示互補結構逐漸成形。當時之預測是正確的。

在發表於一九九〇年初的〈兩岸關係新趨勢〉中，曾提出「立足大陸東南之雄心」、「提出聯邦制」等構想。當時蘇聯尚未如政變後狀況，但就大國之民主化過程言，對地區經濟進行個別規劃，以地方自治進行管理，可能是較佳的方案。當時大陸政策亦未有「經濟南方與政治北方」之論，但若就臺灣之立場言，東南之抉擇可能是較好的發展。至於兩岸由「對立走向倚賴」，則已由經濟關係中可資證明。

本書中亦有其它兩岸關係之分析，唯試圖由「統獨」、「兩岸關係」的迷宮中走出來，則是衷心的期望，未來是否如此發展，則有待進一步的考驗。

回首這段探索臺灣命運與前途的時間，幾乎歷經十年光陰，最初爲藝術創作的動機與探索命運之謎的好奇，竟演變至此，自己亦始料未及。將個人生命力量投入這「命運迷宮」之中反覆求索，飄盪遠行，一擲竟已十年。出書之際，驀然回首，女兒小茵竟已上小學二年級，婷婷然有小女生的情態！時光飄逝不舍晝夜，生命如此迅忽，一一印記在追尋的足跡之中……。

兩岸迷宮遊戲　目次

[illegible]

◆臺灣命運的輪盤

要如何才能準確描述臺灣社會生活的一天呢？

在工地上搬運水泥而滴落的汗水是不是與立法院吐出的口水等值？

在初春田野遍植的秧苗是不是與臺北市東區的窗口盆栽植物等價？

在菜市場中討價還價吆喝的人聲是不是比證券公司VIP室裏的耳語更重要？

到底什麼才是值得觀察及描述的對象？並據以作爲了解臺灣社會生活的基礎呢？

生活於臺灣社會的我們正處於鉅變之中，但我們又如何去了解自己所在的位置以及自己的現在與未來呢？

或許我們應該回到故鄉，那貫穿著成長歷史與生命經驗的地方，去尋找源頭，並探望未來的變化。

之一／故鄉鉅變的故事

每個人從九〇年代的現在去回顧曾經撫育過自己的家鄉，必然要驚覺歷史的輪轉之快速。在有著歷史縱深的比較中，我們才會發覺身處的位置。

介於臺中市與彰化市之間的我的家鄉烏日鄉也一樣起了巨大的變化。那是在前年歲暮祖母去世之時，作爲長孫的自己手捧靈位，行過故鄉道路時，才驚覺到人世竟然如斯滄桑！時光已過三十年，家鄉完全變了模樣。

舊日的糖廠所在地，旁邊連接著啤酒廠，而今那片廣達數甲的糖廠舊地已完全夷爲平地，同學住過的日式宿舍前的大樹老蔭已然消失，荒凉的廢墟般的舊址空蕩蕩。鄉人們傳言要建新的住宅區，中間有一條大馬路穿過。但是建設尚未到來，只留著斷垣讓人憑弔「糖業帝國」的終將消失。

糖業曾經是日據時期臺灣所據以建立的重要農工業基礎。爲發展糖業，臺灣農民由佃農或小地主轉變爲「無產農業勞動者」（矢內原忠雄語），社會階級結構引起巨大變化。即使在五〇年代，糖業仍爲出口大宗。然而隨著國際糖價之滑落，糖業趨於沒落，僅存巨大產業在全省各地殘存，並留給每個三、四十歲中年人童年時代沿臺糖鐵軌偸抽載運甘蔗小火車上甘蔗的記憶。

而今糖業帝國的正式結束，正以這片臺糖舊址夷為平地改建住宅為象徵，在我的家鄉浮現。

第二重變化是一個紡織廠的轉變。六、七〇年代，大量女工進入這家紡織廠，他們唱著文夏和陳芬蘭的小調，在工廠前約會。附近鐵工廠的男工下班後就和這紡織廠女工相約黃昏後，摩托車成排地列在工廠門口。而我家就在紡織廠斜對面，自然而然變成約見面的地點之一。夜半時分，隔著家中矮牆時時傳出牆外情話綿綿，或情偶爭吵的聲音。少年時代我們便躲在矮牆的家中偷聽一些悲傷或愉悅的合奏。

然而，隨著美國對臺灣紡織品的諸種設限，八〇年代後期，女工顯著地減少了。這家工廠請風水師改了正門的方位，但仍舊無法挽回國際結構所帶來的困境。女工日少而且門庭漸趨沒落，到八〇年代的最後一年，終而傳出這家工廠已赴大陸設廠，臺灣的營業正準備結束。

男女工的等候於黃昏相約的景象不復見，當然，隨著MTV等新品種娛樂的興起，再也沒有綿綿情話可以偷聽。這些紡織廠所帶給家鄉的變化（如冰果店、電影院）也消失了。隨之而來的卽是城市的擴張所帶來的大量住宅區。

這家紡織廠代表著六、七〇年代勞力密集型產業的典型，臺灣與美國的經貿關係，以及臺灣經濟對美國結構性的倚賴。現在，美國的保護主義擡頭，它只好另尋生路，在兩岸的開放中找到出發點。從更宏觀的視野來看，它正吻合臺灣「離開美國經濟圈，重返中國經濟圈」的大趨勢。在中部地區，許多中小企業主已然或正在結束營業，並轉赴大陸、東南亞另尋勞力密集型產業之延續。

這家紡織廠代表著一個時代的結束，另一個時代——大陸經濟圈——的開端。

第三重變化是源自於一家電影院。童年的父親曾包下歌仔戲團在這兒演出。這個電影院曾爲這個小鎭帶來一個看到外面世界的觀景窗。從「龍門客棧」的上官靈鳳、「獨臂刀」的王羽到日本電影中背著吉他流浪的小林旭、美如櫻花的淺丘硫璃子等等，爲小鎭的心靈與文化開了一扇窗。

然而去年秋天，這家電影院終因不堪賠累而宣告結束營業。原本曾是構築著少年夢想的戲院座椅全部拆除，「超級市場」的成排貨架取而代之。關門的原因亦很單純，它不可能拿到首輪的放映，但一轉入二輪，錄影帶就出來了，它正是被斜對面一家不到三十坪空間的錄影帶租售店所擊潰。更準確的說，它是被電子媒體的時代所淘汰。當第四臺普及於臺灣省各地，當電子媒體深入於每一家庭，那曾經是小村外來文化源頭的戲院就結束其功能，與電影片尾一樣寫著「劇終」，燈光大亮，成排的貨架顯現，幻變成超級市場。

糖業帝國的日據時期和五〇年代，紡織業、勞力密集型產業的六、七〇年代，以及電影文化時代的結束，在我的故鄉同時顯現。它又將帶領我的故鄉往何處去呢？這才是令人深深困惑的主題。

故鄉的命運也是臺灣社會鉅變的小小縮影，我想要從這個開端解讀自己所欲探討的臺灣命運的主題。這嘗試解釋臺灣命運的冒險，時時讓人跌入感性與理性、記憶與現實、無奈與自主的種種漩渦之中，但努力自這些交纏著矛盾與衝突的觀點中掙扎而出，試圖尋找一些可資辨識的訊息，應是有必要的。

以下我們即試圖循著二個範疇去尋找臺灣命運的可變性與可能性：㈠經濟潮汐拍打兩岸。㈡權力結構的解體與重組。

之一／經濟潮汐拍打兩岸

在歷史上，臺灣從未有過獨立自主的經濟主體，並且是單一地區倚賴。明朝以前和明朝，原住民族除了狩獵經濟之外，一些瑪瑙、首飾、銀器、布料，主要依靠漢族、荷蘭人、日本人的商人來此進行交易而獲取。藉以交換的物資主要以鹿皮、鹿肉乾等狩獵之物為主。

荷人據臺時，由於外地轉運食米供應之困難，乃轉而就地種植，漢人又熟悉甘蔗種植，遂開始鼓勵就地生產。此時臺灣之經濟倚賴的是大陸招募而來的人口及部份種植技術，以及荷人之對外貿易。

明鄭及清朝時期，臺灣經濟之發展因大量漢人之移入而轉入定耕農業，僅殘留原住民仍從事狩獵。但其經濟關係仍與大陸經濟息息相關，藉由糖、米、樟腦之貿易，獲取大陸之相關物資及技術。

日據時期，臺灣被迫劃入日本殖民地，經由「工業日本、農業臺灣」之現代化政策，臺灣完全切斷與大陸經濟圈之聯繫，成爲日本經濟的一環。二次大戰期間，臺灣無法免於影響而受到戰爭波及，經濟大幅衰退，而呈現爲戰後之殘破景象。

光復後的臺灣曾在一段時期內，重返地緣與人口關係最爲密切的大陸經濟圈，但由於大陸適逢內戰，臺灣經濟成爲國府壓榨農工產品以供應內戰物資的來源，遂愈發破敗。這四年的大陸經濟圈經驗，顯然是大陸內戰之延伸。

隨之韓戰爆發後，臺灣又在冷戰結構中被劃入美國經濟圈，藉由美援及其軍事力量，重建臺灣經濟，並躍居爲亞洲四小龍。這些經驗顯示了，臺灣從未有過自主的經濟圈，不是依賴大陸，便是日本或美國。卽使是躍居四小龍也是拜美國之賜。

「單一倚賴」的經濟關係使得臺灣無論在政治、經濟、文化關係上，亦呈現相同的倚賴。然而，此種情況隨著臺灣的逐步成長而逐漸轉變。

最爲值得矚目的轉變契機，當推海峽兩岸的開放探親。隔絕四十餘年的開放兩岸關係，促成了臺灣經濟、政治、文化的結構大轉變，並不完全擺脫對美國的單一倚賴結構。無論是從人道、商業、文化、政治的範疇來看，開放探親的功能幾可比擬於推倒柏林圍牆。

(一)「想家」的經濟效益

一九八七年，從大陸來臺的老兵輾轉於臺北街頭。他們用來自全中國各地的地方口音，用山東腔、四川腔、湖南腔等等，共同呼喊一句口號：「想家！」

在國民黨中央黨部前，在立法院門口，在行政院正門，這句「想家」打動了無數人心。隔絕四十餘年的血緣親情，刹那間捲動全臺。這羣爲國民政府出生入死打仗，爲蔣介石的政策而夢想著「反攻」的軍人，全部垂垂老矣。他們蝟居下階層的社會角落，募集一點基金來抗議，且只能在現場分著饅頭夾點豆腐乳充飢。是這樣的一羣人在街頭爲著「想家」而「轉戰南北」，用不畏死的軍人本色面對陣容壯盛的年輕鎮暴部隊。最後，「想家」戰勝了其它的政治禁忌。一九八七年，蔣經國總統終於宣布「開放探親」。

探親之門既開，則再也阻擋不住，觀光、貿易、投資隨之而上，沒有人能夠阻住經濟規律的運行。兩岸間各種相繼的開放措施隨之而來。

一九九一年元月，臺灣對香港的單月出口額達九億一千萬美元，佔總出口額的十四．六%，居美、歐之後爲第三位。（附註：至一九九二年，臺灣出超金額比例已躍居第一位。）羣眾運動與街頭運動曾被視爲臺灣社會的不安根源，但結果可能恰恰相反，很可能是羣眾運動帶來另一種經濟效益。僅是臺灣對大陸的貿易數量，據大陸方面統計，達到二十八億美元，目前還在增加中。

「想家」，這個最爲根本的血緣與人道的訴求，這個老兵夢寐以求的願望既經實現，卻帶來這麼大的經濟效益，誰又能夠估計呢？

當然，我們不能否認，國府有關當局的研究部門早已著手進行兩岸經濟關係的研究。中華經濟研究院所出版的《經濟前瞻》即曾發表〈轉口貿易〉及〈兩岸經濟結構比較〉的相關論文。而且又恰逢臺灣中小企業走入黃昏，產業升級遲滯，臺灣經濟陷入困境。因而國府當局的開放探親，不無經濟的考慮在內。

但是，如果沒有那些在街頭啃著饅頭豆腐乳的老兵用南腔北調喊出「想家」，誰又能預估往後的大陸熱，乃至於由郝柏村提出「停火協議」呢？

(二)資本無祖國

一九九〇年夏，北京，在一羣企業主面對大陸經貿官員而舉行的座談會中。中共的高級官員包括國務院發言人袁木在內，皆暢談兩岸之間的濃厚民族情感，以及兩岸經濟的互補結構，大力鼓吹臺商應赴大陸投資。

然而臺商的反映卻非常明顯的指向實際的土地取得年限、稅收、優惠條件的實質內容、以及匯出金額限制等，其中最為令臺商感興趣的一名官員竟然不是高官或主管，而是一位副部長，只因他拍胸脯說了一句話：「無論你們有任何困難或糾紛，儘管來找我。我會負責全力解決。」

這句非常「阿殺力」的承諾對極了臺商的胃口，會議結束後紛紛與這位官員交換名片。而在一個私下場合裏，這名官員甚至談及：「我們不會武力犯臺，這一點你們李登輝總統都知道。」至於為什麼知道、如何知道、私下有無溝通管道等問題，就不願作答了。

在北京、上海、福州、厦門等全中國各地，臺灣的商人及觀光客足跡所到處，人們將會發覺，到處都是商業的機會與陷阱。但對於臺商而言，陷阱就是機會，並無任何恐懼。即使是國府當局有意要冷卻大陸熱，但是，對企業主、投資者而言，資本是沒有祖國的。

走私的商品堆積在福建沿海，它是從全中國各地購買而來的，目的地即是臺灣。在平潭這個與大陸尚有帶水之隔的小島上，連馬匹般高大的石雕都在等待走私臺灣，更遑論其它了。

因而香港只是公開的轉口貿易站，它對兩岸經貿的統計數字是帳面上的可管理部分，眞正藉由走私或其他方法轉入臺灣的商品不知有多少。中國人的「兩本帳」作風依舊顯現。但僅僅是香港就已躍居第三位。如果以分別地區國家來計算，則歐洲無一國能比得上香港。換言之，就一個單一國家之經濟影響而言，香港僅次於美國。而香港所代表的背後，就是大陸。

大陸經濟對臺灣的影響因此是不言而喻的。它是臺灣經濟結構的產物，是中小企業在產業升級、臺幣升值、美國不景氣的大環境下，被迫必須另尋生路的選擇。對商人而言，這是無分東南亞或大陸的非政治性選擇，他的目標也只是一個——獲利。這種「資本無祖國」的作法，當然是對「把根留在臺灣」的反諷。然而，這種依照純粹經濟規律辦事而從不考慮政治因素的做法，難道不會對政治造成衝擊嗎？當然會，而且在加重。

隨著臺灣經濟對大陸「依存」關係的加深，從統一、獨立的概念到上層權力結構都將發生「量變到質變」的必然過程。臺灣政治權力結構亦不再是美國所能主宰決定，而是在中共、美國之間玩「權力平衡」的遊戲。

(三)官商關係在兩岸

到底國府高層有多少官員曾派人與中共進行接觸，目前仍屬歷史未解之謎，但是可以確定的是：有許多人已在進行私下溝通。

正如當美國權力對臺灣有決定性力量時，國府領導人必須建立美國政商關係一樣，現在大陸的影響力日大，則不免有官員試圖建立新的中國關係。在冷戰的年代，接觸中共將被判處「通匪」，現在「通匪」已成爲通向政治權力金字塔的必經之路。

臺籍商人及政客如王永慶、王玉雲、陳重光等人都已去過大陸，卽使是傳聞爲李登輝總統「智庫」的國策中心的負責財團長榮海運，亦早已派人與大陸進行「通航」的準備，這是難以估計的政治影響力。

至於非主流派的國民黨內人士，以提出「省對省交流」的省議員鄭逢時而言，係屬關中、翁大銘同一系的人馬。鄭逢時只是這一派系的探路人。此外，李慶華所代表的李煥一系，中華戰略協會所代表的蔣緯國一系，都是有目可睹的交流。

總統選舉而爆發政爭之時，中共國家主席楊尙昆曾指示新華社發表「最高當局談話」，批判李登輝有獨臺傾向，而蔣緯國亦曾在期前赴美探詢選舉之可能。據臺北政壇竟有傳言說，蔣緯國的退出是由於美方表明：若參選就斷絕軍售，故返臺後與林洋港商量，由林發表退選聲明。

有人因而形容，這是美國與中共的力量鬥爭，最後仍由美國支持一派取勝。但是中共影響力之大，已可見一斑。

國民黨內如此，反而是反對運動陣營仍因臺獨意識之高漲而裹足不前。直至一九九一年才開始有較多人前往，包括許信良在內，這是民進黨現實力量認知的開端。

臺海兩岸的關係在政治、經濟上複雜萬端的糾葛，因而將逐漸轉型，變得更爲複雜、細密而難以分割。正如同經濟上，大陸已躍居臺灣第一大出口地區，政治上的影響力亦成等比地加強。

四客觀統一論的擡頭

海峽兩岸趨向統一，在「國家統一綱領草案」確定後已無疑義。然而在有關統一的基礎上卻有主觀與客觀二派。

主觀派認爲：基於民族情感、臺灣爲大陸之移民人口、臺灣之主權屬中國、歷史、文化、血緣、親情等因素，臺灣應與中國統一。這一派思考以統一聯盟、民族主義者、右派人士爲主。

客觀統一派則認爲，基於經濟發展之必要、臺灣產業升級的互補結構之需、臺灣出口導向必須由美國轉向以分散風險、大陸農工原料及勞動力便宜等等因素，兩岸將因經濟結構的互相需要而走向統一。但因經濟的自然發展較為緩慢，故兩岸的統一會是一個較慢、漸進的過程。這一派以中華經濟研究院、國民黨內年輕官僚、以及較不具大陸血緣民族情感之臺籍商人等為主。

而隨著兩岸經濟之發展，社會結構的水平差距，海峽兩岸年輕一輩的領導官僚逐漸採取客觀統一論。雖然仍有中共領導人楊尚昆等發表「統一應有急迫感」論調，但事實亦不可能，臺灣方面亦然。年輕一代對統一的看法逐步趨向漸進的客觀統一論，寧可讓時間來解決兩岸間的社會水平差距問題，再逐步談統一問題。

中共方面的代表性做法是：臺辦的調整組織與人事，對臺強調三通，一個中心三大重點則強調以民間為統戰對象等；而「國家統一綱領草案」亦著重兩岸統一應依循自然的解除對峙、緩和情勢及互助發展。顯然而可見的事實是：隨著主要領導層的年輕化，客觀統一論必然躍居主要潮流，讓國共的歷史恩怨在經濟的潮汐中沈埋。

(五)臺獨論的工具化

隨著兩岸的經貿發展，臺獨論亦將在經濟的客觀規律下，走向黃昏。臺獨論以美國為主要支持力量，但隨著美國以中共牽制蘇聯日本發展的亞洲平衡政策，美國與中共的關係正日益加深，其結果即是美國對臺獨或獨臺政策支持的減弱。

伴隨著兩岸經貿發展，達一百五十餘萬人次赴大陸觀光探親，臺獨論者將面臨文化、歷史、理論上的混淆。

最爲明顯是厦門一帶閩南文化（如戲曲、宗教、語言等）對原本視如臺獨圖騰的臺灣文化論構成一荒謬對比。閩南文化與臺灣文化的源流關係變成對臺獨理論的破解。文化圖騰的喪失，使得臺獨理論必須由「主觀臺獨論」變成「客觀臺獨論」，即臺灣在經濟與政治現實中有走向獨立的「應然」與「必然」。

但客觀的現實卻是：經貿倚賴的加深、文化民間交流的劇增，中小企業主赴大陸投資的必然。大陸已不再只是一個臺獨口中的政治符號，而是經濟規律下的一個重要地區，如此一來，「客觀臺獨論」必得面臨：①美國、日本不可能承認臺獨的客觀現實。②企業主、中小企業、中產階級自大陸獲益的客觀現實，③中共的反對之現實。

客觀臺獨論的不具存在條件，遂使臺獨變成一種主觀臺獨論，又由於閩南文化符號的同質，亦喪失文化意義，臺獨論最終可能淪爲工具，即國民黨籍以向中共討價還價的籌碼—亦即工具的臺獨論。

臺獨的工具化將隨著兩岸交流及實質談判的來臨而更形明顯，反對人士激烈的訴求被國民黨所收編，成爲一個籌碼以面對中共，這恐怕是無法避免的歷史結局。或正如國民黨內年輕一代政客收編會是黨外人士以激烈街頭運動爲訴求的國會全面改選而爲「憲政改革」是一樣的道理。

㈥兩岸命運共同體

人們在一九八六年之後目睹而且要膚受金錢的急劇運動，更準確的說是「資本運動」。伴隨著中小企業黃昏以及大量積累的外匯存底，臺灣錢已經如閩南語歌詞所形容的「淹到下巴」。大家樂是第一波資本運動。它的最終流向是組頭、黑道、民意代表、警政人員。黑道在這資本運動過程中扮演重要角色，並搖身一變而爲「地下投資公司」，鴻源、龍祥等與黑道幫派扯不清的連繫，證明著黑道的勢力已逐步升級爲地上的金融部門的一環。再經由軍方力量（退休將領、情治人員）和警政及財政官員等，結合著民意代表而爲一股新興力量，成爲資本整編運動中的重要環節。

捧球比賽尙有規則可循，但這一場資本運動卻是裁判加入會外賭局的比賽。這是不公平的競賽，包括著股票、房地產等亦然。

我們看到這樣資本運動的邏輯關係：美國不景氣與大量赤字→貿易保護主義與壓迫臺幣升值→央行的緩和升值導致大量外匯湧入→游資氾濫→大家樂盛行、資本向民代、黑道、警政人員集中↓資本向股票狂奔↓資本向房地產狂奔↓中產階級淪為無殼蝸牛↓羣眾運動↓社會階級結構兩極化。

現在，源頭其實是極為清晰的，單一倚賴美國經濟的臺灣經濟必須轉變，臺灣必須尋求自主經濟圈，而其資本流向就自然而然轉向東南亞，即所謂「亞洲經濟圈」，而中國大陸又是一個可以考慮的廣大地區，亦是亞洲經濟圈重鎮，資本運動遂自然流向大陸。

流向大陸的資本又引發為「重返大陸經濟圈」的熱潮，其結果是政治、經濟情勢及臺灣前途的明確化。而伴隨著一九九二年歐洲經濟共同體的來臨，北美洲的重要性將日漸降低，臺灣要尋求多元化經濟關係的可能性日小，未來仍將在亞洲立足。攻打日本市場的可能性低微，僅存的就是大陸及東南亞了。

因此重返大陸經濟圈不是一個政策能主導的課題，而是國際經濟結構的必然。但兩岸的政治關係之矛盾又如何解決呢？這亦非我們現今所能明確解答的，它有賴於兩岸在「既合作（經濟上）又矛盾（政治上）」的關係中，往下發展，才能得到最終的答案。但解開的眞正鑰匙仍在大陸的改革之上。如果大陸經濟無法持續穩定往上發展，則兩岸關係不可能快速發展。

從這個觀點來看，兩千萬人與十一億人口的命運便成為難以分割的「命運共同體」了。

之三／權力的解體與重組

㈠不乾杯就是陰險

在首都一次高級官員的餐敍中，由於主流派與非主流派政爭嫌隙存在，大老們莫不希望藉由餐敍解除心結。於是大家斟酒滿杯，由一向以「表向張力」（卽酒已滿出杯緣）見長的林洋港（酒量在政壇聞名）率先發動。只見政壇人物各個面紅耳赤、紅光滿面地在微醺中，融洽異常。

之後，首都官場的一些人在宴請時就傳出了林洋港式的緩慢而濃重的臺灣國語說：「你不乾杯，那你很陰險喔！」

臺灣地方政治文化中，在婚喪喜慶、廟事宗親跑場子喝酒最重視的就是前來參加者，要以乾杯爲能事，以表示其「不惜一醉」、「够義氣」、「好漢剖腹來相見」的眞情。現在，這種地方政治的喝酒文化吹入首都政壇，連李登輝都破戒大喝。而一向不會喝酒的宋楚瑜就成爲取笑的對象，一些中級官員學著「臺灣國語」口音說：「你不會喝酒，臉又白白的，很陰險喔！」

這固然是因爲宋楚瑜在權力戰場上衝刺過猛，得罪不少人的緣故。但從權力的角度來看，蔣經國生前所欲全力落實的「本土化政策」至此已顯現無疑。隱藏在宮廷之內，藉由「參幾本奏摺」，或一些私人管道上通天聽，人人噤聲期待「關愛的眼神」，以期一朝蒙主垂憐，進入宮廷廟堂之上，這樣的年代已然一去不返。

「面孔白白的，笑容陰陰的，城府深深的」這樣的宮廷文化，被臺灣地方選舉中的「面孔紅通通、喝酒要乾杯、剖腹來相見」的喝酒文化所取代。這就是宋楚瑜的痛苦與關中的海派對比所在，而卽使是出身宮廷的宋楚瑜也不能不下鄉喝酒，一改宮廷文化而適應地方文化。

權力轉移的遊戲不僅是總統文告由浙江口音轉變爲臺灣國語，在民主化的時代裏，爲了謀取地方選舉的勝利，喝酒文化亦改變首都官場的習性。這已不僅喝酒而已，而是一種象徵，象徵著地方文化對宮廷文化在上層權力戰場上的勝利。

(二)脫線仔變大老

一位土地改革以前的地主家庭出身的老政治犯，在談及現在的「國之大老」陳重光時，不無感慨地說：「以前（指一九四五至四九年間）他年輕時到我們家來，像小弟一樣，因爲他個性有點脫線，我們都叫他『脫線仔』。現在他介紹黃信介與李登輝見面，又到大陸去見了誰，搖身一變，竟然由『脫線仔』變『大老』！」

「脫線仔變大老」或許不僅是陳重光奮鬥上升的故事。臺灣政治權力的演變歷經幾重階段。在土地改革以前的四九年至五〇年代，臺灣知識菁英大多出身地主家庭，始能受到進一步的教育。但是這些菁英在二二八事件及白色恐怖的五〇年代前期，幾乎悉數遭到牽連，大量的逮捕、死刑、監禁，使得知識階層（這階層曾是抗日羣體的組合、文化運動的發起者、左翼抗日運動的先鋒）被消滅殆盡，存留者亦沈默噤聲。知識階層的鎭壓使臺灣地方領導階層頓然消失於歷史之中，留下一片空白。繼之而來的是大陸籍的領導層。

土地改革的順利完成，主要仍得力於對知識份子（背後卽地主階級）的政治鎭壓作用，使得其餘地主不再存反抗之意念。政治經濟結構的大改造是藉由二二八及白色五〇年代（背後的支撐力源是韓戰的美國軍事經濟力量）而共同完成的。

臺籍資本的崛起是藉由土地改革而獲取的部分資本爲基礎，再結合日據時期所遺留之教育技術基礎，採取中日合作之模式而發展。但大陸籍資本則是藉由官商關係及美援所提供之資本而崛起。臺籍資本在缺乏官方關係之下倚賴的是日本，再轉賣美國，而大陸籍資本則大多與美國合作，或藉美援之協助，並藉由官方關係而有政策保護（例如裕隆），如此，臺籍資本與大陸資本間存在著權力的矛盾。此卽資本家之間亦存有「省籍矛盾」的經濟根源。

這兩種資本的矛盾的加深主要又以國營企業、國家公共工程之承包、軍品採購等屬於國家預算者大多以大陸籍企業爲承包對象有關。可以說大陸籍資本是在政策輔助下成長，而臺籍資本則是自行奮鬥或分取地方利益（如地方政府預算）爲主。

權力結構上層的壟斷與資本之間的矛盾，是造成省籍問題複雜糾葛的根源。卽使是受到過政策優惠如王永慶、辜振甫者，在有關利益的爭取中，對此亦不無深切體認。

蔣經國之本土化政策的衝擊，最主要的不僅在政治上，而是政治結構轉變後特權關係的轉變。而在李登輝的時代，上層權力關係再次一轉變。可以預見的是：由於上層權力轉移，政商關係又要重新「洗一次牌」，大家換手玩一玩。那麼陳重光、張榮發或其它人的上升就不是例外。

省籍矛盾的提出在此也就轉變了。原本藉由政商關係而獲致的大陸籍企業及其特權將要縮小，臺籍企業會崛起。因而省籍「魔弦」的彈動是由特權流失、轉弱的一方所挑起，關中、梁肅戎，及所謂外省第二代的問題便是這權力大洗牌之中的產物。

當「脫線仔變大老」而「大老變百姓」時，省籍問題當然不是道德化的課題，而是權力重組過程中的政治經濟學的課題。

㈢派系的合縱連橫

位在陽明山上原屬ＡＩＴ，現歸翁大銘所主持的陽明山聯誼社是値得觀察的權力分析切入點。

這個聯誼社佔地甚廣，有游泳池、網球場、兒童遊戲場等等，會員會費甚高，每年十二萬元。前任的董事長陳炯松爲臺北市議會議長，現任董事長爲立法委員郁慕明。翁大銘與關中的關係外界知之甚稔，而關中作爲國民黨內非主流派的「民主基金會」負責人亦早已公開。於是我們可以簡略地勾勒出一個政治團體的光譜：錢脈—翁大銘，黨部—關中，北市議會—陳炯松，立法院—郁慕明及新國民黨連線。而在省議會則是副議長鄭逢時。

這個盤根錯結的人脈、錢脈系統並非是此家獨有，而是臺灣政商關係中的典型產物。由於其淵源甚爲深廣，從地方到中央的利益與權力分配系統，都不免要展現鬥爭的局面。臺視董事長的爭取，鄭逢時的敗陣，被政壇人士議論是主流與非主流之戰。

這樣的局面既已成形，我們便可見到國民黨分裂爲二大派系的可能性並非在中央存在，而是散佈於各個椿腳據點的「陣地戰」。

每場權力遊戲一如圍棋之佈局，「佔角」與攻取中央一樣重要。國民黨分爲二大系統，則原本作爲社會控制的主要機制—情治系統、文宣系統、警政系統、司法系統又將如何轉型呢？如果爲黨內一系所控制，會不會發生蔣經國上臺前對舊系統的整治清算呢？

國民黨內的人士都很清楚這一點，因而「黨內民主」的呼聲高漲。喊民主的必然爲失權的一派，才需要「民主之傘」的保護，即使這些人曾是打擊黨外民主人士的重要工具。

在兩個黨內派系的鬥爭中，一些重要控制系統被迫中立化，例如安維秘書、校園特務、情治系統、警政系統等等。這些現象又導致另一重影響，即爲爭取社會資源而展開更爲複雜的「佔角」佈局。

舉例而言，傳聞非主流系統已與第四臺接觸，準備有線電視合法化之後，展開對主流所主導的當前電視臺的另一波動員。換言之，掌握媒體發言權，仍是掌權的必要準備。第四臺的取締因而倍加困難，背後是龐大的觀眾羣（全省約有百萬家庭納入有線電視的付費收看範圍），以及政治力的支撐。因而第四臺的合法化是早晚的事實。

國民黨內權力的分裂與解體（是解體而非崩潰），以及政治人物的排列組合，對臺灣社會而言，雖然導致政爭、內鬥等不安的因素，但就宏觀歷史而言，卻是民主化的必須之路。說不定有一天非主流掌握黨主席，則總統府與行政系統才會被迫與黨務系統進行眞正的「黨政分離」，也未可知。這種「必要之惡」，或許是歷史必經的曲折之路吧！

(四)高品質的權力運作

權力的眞正根源，依據「大未來」作者艾文・托佛勒的分析，來自於暴力、財富、知識。現在，這三者在臺灣都發生著變化。

知識的分裂主要源自文化霸權在解嚴前後的消失。關於二二八、孫立人事件、雷震案、張學良案的平反，意味著國府的知識霸權已然喪失。取而代之的是各種知識分子團體。多元化的知識分子團體諸如：澄社、中華論政學社、中華學會、臺灣教授協會等，清楚地呈現統、獨、自由、保守的光譜。對知識的掌握卽是對現有社會及當前政治的解釋權與發言權。原本被擠在邊緣的自由派學者組合而成的「澄社」，在解嚴後成爲主導言論的重要改革力量，卽是這種知識卽權力的象徵。

知識霸權的時代之結束，在各種基金會的成立上，亦可見其端倪。大陸事務的基金會有不少，而國策中心、廿一世紀基金會、前瞻基金會等等，在在顯示財團與知識的關連。透過資金的投入而設立基金會，透過基金會所掌握的知識而取得解釋權與發言權，這些都是財富加知識而形成權力的顯影。

財富當然可以形成權力，這在李登輝總統大量宴請商人的舉止中，早經證明。只不過在政商關係中，目前更形明顯而已。民意代表、官員、財經界人士所形成的複雜網路無法逐一追述，但未來財富所帶來的權力只會更大而不會更小。紅頂商人在臺灣必然要愈來愈紅，因選舉要花的錢會愈來愈多。

唯一令人憂心的是暴力與權力，這是臺灣的最大不安定因素。暴力可以分爲制度性暴力與非制度性暴力。軍事力量，即是制度性暴力，在第三世界國家，正是最直接的權力來源，以一場政變或革命即可取得。臺灣亦存有龐大的制度性暴力，而且其系統一直未經民主化的洗禮，舉凡軍事力量、情治系統、警政系統都是握有強制性力量的部門。

艾文・托佛勒把暴力比喻為劍，即武裝力量。而武裝國防力量佔了臺灣國家總資源的近五十%，其經費之龐大、金錢之驚人，可見一斑。而錢又可轉化為對知識的購買，對財富的相對積累，進而形成權力。

郝柏村的就任行政院長，便是這種權力運作下的產物。正如美國、中共或任何第三世界一樣，軍事力量如何讓其在後冷戰年代逐步減少，以便將國家資源轉化為經濟力量提高國際競爭力，都是一個困難的課題，因為軍事權力已盤根錯結為另一巨大權力網。

權力的適用被分為三個等級，暴力最低，財富稍高，而知識則為最具品質的權力，臺灣如何在權力結構的解體分裂中，提升權力為具知識的高品質運作，仍是有待努力的課題。

——一九九一年三月

唐山過臺灣

——三百年來兩岸偷渡者的血淚

當大陸偷渡者從宜蘭、新竹或者臺南上岸的刹那間，或許他們並不明白自己正循著祖先的血跡前行，走在幾百年間兩岸偷渡者的宿命輪迴道上。

當然，沒有人會料到三百年前的偷渡倖存者成爲現在「臺灣人」的祖先，而後來的偷渡者會在遣返過程中有二十五人被悶於船艙之內，然後被冠以「大陸勞工」的名稱，死得不明不白。

清廷對大陸渡臺者曾加以嚴格管制，但偷渡者仍不絕於途，原因當然很多，但大陸祖居地的窮困是主要因素。反觀今日，歷史似乎並無多大轉變，轉變的只是兩岸政治關係，在人民之間，渡海的血淚史依舊在上演，有如無休無止的海濤，淹沒了無數人的血跡身軀，卻依舊輪迴不息。

「渡海來臺」到底代表什麼意義?「唐山到臺灣」追尋的是什麼?那不絕於海上血路的人民的歷史,在古與今、清朝與現代、偷渡與反偷渡的制度下,到底能對比出什麼意義呢?

現代偷渡者被稱之爲「大陸勞工」或所謂「大陸客」、「大陸妹」等,依據他們的供詞,偷渡主因是貧窮,在兩地工資數十倍的對比下,他們寧可花上千元人民幣去買得船隻搭乘權,爲的是在臺辛勤工作,積蓄金錢,以便回家改變家境,過個「高檔次」的生活。

這樣的心情在一七三二年藍鼎元所著的〈粵中風聞臺灣事論〉中有過描寫:「廣東潮、惠人民在臺種地傭工,人眾不下數十萬,皆無妻孥……於歲終賣穀還粵,置產贍家,春初又復之臺,歲以爲常。」

藍鼎元《鎮平縣圖志》寫道:「鎮平田少山多,人稠地狹,雖有健耜肥牛,若無可耕之地,羣趨臺灣墾闢成家,臺中客子莊數十萬眾,皆程、大、平、鎮人民;而鎮平尤倚賴之,竟以臺灣爲外宅。」

農業時代的土地貧薄,到今日轉成薪資的比對,大陸勞工圖謀的不正是三百年前「歲終還鄉,置產贍家」的目的嗎?

歷史在輪迴。

限制兩岸人員往來方面,亦有「探親」的爭議,自一六八四年至一七九〇年的百餘年間，清臣奏靖與當局之決策，大體集中於攜眷入臺問題，並有五度嚴禁，四度弛禁。臺海兩岸於一九四九年後，首度於解嚴後開禁，兩岸隔絕四十餘年後，浪居大陸之老兵親屬得來臺探親奔喪，然而仍有各種限制，但相較而言，比諸清時爲嚴，尤其病危及奔喪的限制，更被各界抨擊爲不人道的做法。

清時之限制爲：「流寓臺灣之無妻室產業者：逐會過水，交原籍管制；有妻室產業者：移知原籍臺灣道稽查，不許招致家眷。犯罪時，罪在杖笞以下者，照常發落，免其驅逐；該徒罪以上者，押回原籍治罪。」大陸人民渡臺則：①須領照單（入出境許可）經分巡臺廈兵備道稽查，再得臺灣海防同知驗可，始許放行；②不准攜家帶眷；③嚴禁粵地人民渡臺（即客家人）。

有清一代限制渡臺人口大體因臺灣爲反清根據地，清朝恐臺灣成爲「盜藪」，尤以攻打臺灣擊潰鄭成功的施琅在世時爲然。一面將不適宜的趕回大陸，一面限制大陸人民渡臺，管制重點無非限制臺灣人口。但限制招致家眷及不許攜眷卻使社會不穩定性增大，而演變出幫派、械鬥、賭博等嚴重社會問題。這種移民社會的性格到今日臺灣依舊「生生不息」，而演化爲黑道幫派、新移民者與後移民者的鬥爭（用現代術語叫「本省掛」與「外省掛」），以及各種形諸爲六合樂、股市等賭博性格。

一七二七年，閩浙總督高其倬在奏聞中說：「查得臺灣府所屬四縣中之臺灣一縣，皆係古來住臺之人，原有妻眷；諸羅、鳳山、彰化三縣，皆新住之民，全無妻子，此種人不但心無繫懸，敢於爲非，且聚二、三十人或三、四十人，搭建屋寮，共居一處。農田之時尙有耕耘之事，田收之後，頗有所得，任意花費，又終日無事，惟相聚賭飲，飲酣賭輸，遂惟共謀竊劫。」

一七九〇年，清朝四度開禁後，卽未再改變，但主要僅准人民搬眷，而非自由往來，往來還是得經過麻煩無比的手續。如此就衍生出包攬偸渡的行業及各式各樣的悲劇。

既有禁止攜眷渡臺自然就有偸渡。自一六八四年實行管制後，偸渡就開始了。

黃叔璥的《臺海使槎錄》記載，偸渡來臺，厦門是「總路」，也就是大陸總樞紐，當然也有從金門、馬祖等地上小船，再轉大船的。在臺灣方面，則「東西南北甚多港口可以出入」，要禁亦難。而偸渡的血淚就從此開始。

例如：不肖的奸商惡船東將船開到外洋，如遇到荒島，詭稱到臺灣，催促客人上岸，荒島上人煙斷絕，只能坐以待斃。不久，沙洲上的潮水上漲，所有人被淹沒於汪洋中，「羣命盡歸魚腹，因礙淸照之難，致有亡身之事。」（一七四四年，巡視臺灣御史六十七等具奏）

更觸目驚心的是：「內地窮民在臺營生者數十萬，其父母妻子俯仰乏資，急欲赴臺就養，格於例禁，羣賄船戶，頂冒水手姓名，用小漁船夜載出口，私上大船。抵臺，復有漁船，乘夜接載，名曰『灌水』。經汛口覺察，照奸梢問遣，固刑當其罪，杖逐回籍之民，室廬拋棄，器物一空。更有船客，串通習水積匪，用濕漏之船，收藏數百人，擠入艙中，封釘艙蓋，不使上下，乘黑夜出洋，偶遇風濤，盡入魚腹。比及到岸，恐人知覺，遇有沙汕（即沙洲），輒給出船，名曰『放生』。沙汕斷頭（按：距岸遠而被海水隔斷），距岸尚遠，行至深處，全身陷入泥淖中，名曰『種芋』。或潮流適漲，隨流漂溺，名曰『餌魚』。」（王必昌，重修《臺灣縣志》，一七五二年）。

這段描寫，把偷渡者如何被出賣的情境，極爲鮮活地刻劃出來。尤其「更有船客，串通習水積匪，用濕漏之船，收藏數百人，擠入艙中，封釘艙蓋」這一段，更令人似曾相識，只不過現在不再是「唐山過臺灣」，而是遣返偷渡的大陸客，用的雖不是濕漏之船，但擠入艙中，封釘艙蓋，卻如此相似。

歷史如此輪迴。

•

偷渡而死者，據清官吳士功統計一七六〇年十二月至次年十月間，不足一年，盤獲偷渡二十五案，老幼男婦九百九十九人，內溺斃男婦三十四人，至於未被查獲及行賄放行者，無法估計，不知其數。

今天海峽兩岸的政治關係當然同清朝不同，但歷史的反諷卻是兩岸間的偷渡者竟然如此相似，依舊走著老路。「杖回原籍，室廬拋棄，器物一空」的古代偷渡者，與今日被送到靜廬的大陸漁民痛哭失聲，言明借錢偷渡打工，而今無臉返鄉，又有何差別？

歷史當然不是照樣搬演，農業時代的傭工與今日大陸勞工不同；遣送原籍的主動權亦不在大陸而在臺灣，但為什麼會發生這種悶死二十五人於封釘船艙中的悲劇呢？

臺灣有過幾度移民潮：清朝，以及一九四九年的國民政府帶來的三十幾萬軍民。新舊移民者之間自古即矛盾百出，但大體仍趨向融合，百年前的漳泉械鬥今何在？百年後看待今日的「省籍意識」又何嘗不是歷史的反諷？但是，發生於兩岸間的偷渡血淚卻值得人們深思：幾百年來，飄泊於海洋中的子民，翻過浪山血路的心靈，到底在尋找什麼呢？

——一九九〇年七月

福建平潭的調查報導

之一／走私島上的寡婦

一九九〇年八月二十二日，近中午。福建省外的離島平潭。

平潭縣白青鄉的漁民把兩碗魚湯和本地產的小卷、章魚擺在桌上，邀我們坐下，然後對擠在門口的一羣「閩平五〇二〇號」漁船上的船員家屬說：「他們也不清楚啊！唉！」希望請他們離開。但人羣依舊羣聚著用本地話說：「臺灣來的記者！臺灣記者！」「問問吧！」

主人於是回過頭，把啤酒拿出來，一副熱情地說：「來吧！吃啊！吃啊！」但沒有一個人有心情去動筷子。

然後，那個紙一般單薄的少女就走了進來。依舊穿著天灰色長褲下的腿如此瘦，以至於足上穿著塑料拖鞋的腳都暴露青筋，紫底白花的短袖上衣裹在身上，愈發顯其單薄，雙手環抱在胸前，手臂上膚色不知是因海風長年吹蝕或什麼原因，微黑而沒有任何光澤，晦黯如紙，伊的頭髮短而粗直，往額前披覆，在瘦削的雙頰、凸出的顴骨、以及微向前突的嘴唇之上，兩個眼睛大得如同熒熒的夜火，又因爲不斷的流淚，眼球裏似乎帶著血絲。這個紙一般的女人像一縷遊魂一樣飄進來。

我愕然了。這個小女人正如其他被撞沈的閩平五〇二〇號家屬一樣，已跟隨我們在白青鄉訪問一整個上午，反反覆覆地問著：「我的丈夫呢？我的丈夫呢？他的名字叫林聖由，林聖由！他還活著嗎？他在哪裏？你知道嗎？」

最初，我也並不確定。一整個上午，我們在平潭縣白青鄉的採訪亂哄哄，先是穿過那裏舖著碎石的起伏不平的巷弄，走到堆在路邊擺著準備蓋房子用的、從山上取下來的石板塊前，在那兒拍了幾個孩子坐在兩座石刻馬像之上的照片，然後，繞過巷弄，參觀一個友人親戚正在新建的房屋，並且拍了幾張附近新建的三層樓房子。一個當地朋友說：「如果沒有做買賣，這個貧窮的村子誰蓋得起房子？」

「剛剛那幾個小孩子騎的石刻馬也是準備運到臺灣去賣的。只是石頭太大太重了，所以放在那兒一段時間。」

「我們這個村子如果沒有做買賣、『通商』，是不可能蓋房子的。」一個白青鄉的朋友說。這兒以前叫白沙，靠捕魚維生，三年前，兩岸開始開放後，這個距離新竹七十三海浬（約一三五公里）的小縣份，才發現了漁源逐漸匱乏而瀕臨絕境後的另一條生路——走私。一些大膽者因此而致富。在平潭，沒有一個人稱這種海上交易叫「走私」，而說是「做買賣」或者「通商」。隨著海上交易日盛，做買賣的人愈來愈多。爲了賺錢，他們由大陸各地連繫買賣的貨源，包括煙酒、大蒜、中藥材、雜貨食品，以迄於目前流行的瓜子、香菇，甚至各種陶瓷石刻圖畫都有。當地村民很清楚，如果沒有臺灣這一條「海上絲路」，生路即可能斷絕，因而村人互相照顧「守望相助」。而且因賺錢而興盛起來，一些親戚家屬或以借貸買船，或以高利貸借錢買貨交易，一個個相繼投入此一新興行業中。爲了互相照應，親戚朋友乾脆坐同一條船出海買賣，以求平安。到最後，船一出事就是親屬的好幾個家庭陷入絕望困境之中。

在白青鄉海邊，幾條漁船靠在港灣裏，從臺灣吹拂而過造成巨大損傷的颱風也剛剛過境此地，船隻停泊在港灣裏避風。在這個被居民村落包圍每一條陸上通路的小港灣裏，誰都看得出來要取締也困難，這個「守望相助」系統太嚴密了。

我們先是在街道上拍照，然後走入一個臺灣退伍老兵林紹禹的家。這個隨國府撤退到臺灣的老兵在兩年前回到家鄉定居，而這一次，他的孫子林希信也在這條被撞沈的遣返船上，名列失蹤者名單裏。

「你是林希信的祖父嗎？」我問。老人顯然重聽，啊啊地詢問着，並以手掩耳，努力要捕捉聲音。「你知道林希信的事了嗎？」我大聲問道。

一個認識的朋友走到我的旁邊輕聲道：「他不知道，他的家人沒有告訴他。」

訪問只能在他不明眞相的情況下進行。由於預知林希信的死亡，空氣中泛着黯淡的色澤。老人擠在店門內的小厨房的一個板凳上，屋子依山建築，如此狹小，但屋後的那一小塊門檻地上，居然還圈養了幾隻鴨子，屋外的光便只能穿過後門的鴨子頭上透進來，照着林紹禹蒼老的白頭髮。

「林希信的事我們知道了，但是無法告訴他，太老了，他太老了。」一個中年男人以沈重的福州口音，艱難地選擇國語，如果說，在這個與世隔絕，位處大陸之外的平潭小島上，能講流利國語的人，除非是曾出外工作數年，否則講的還是本地近乎福州口音的「福清話」（在福州附近，語音相當接近，但不相同），畢竟，這個小島的居民靠海維生，又孤懸在大陸之外，語言的溝通需要太少了。

就在另一個記者進行林紹禹的訪問時，大約臺灣記者來到平潭的消息在街道上不脛而走，一羣羣的人湧了進來，即使是後門鴨子的旁邊也圍了幾個站在地勢低窪處的人頭，張大眼睛觀望。

我正訝異着，人羣竟回過頭去，倏忽讓開一條路來，一個穿着洗得淡藍的老舊藍布大掛上衣的老年婦人走了進來，她的頭髮蒼白，眼神驚惶地尋找着，倏地走過來，拉住我的手，朝我伊伊唔唔問起話來。我訝然地望着她，但不明白她說的話是什麼意思，只得求助地望向別人。這時那個穿紫底白花上衣的紙一般瘦的小女人便跟着上前道：「她是我媽媽，我是林聖由的太太，你曉不曉得林聖由，林聖由他現在怎麼樣了？」

「林聖由，是哪一條船上的？」我問道。

「就是閩平號，被撞沈的那一艘。」一個旁邊的人說。

由於不確定到底失蹤者的實際名單，事關人命，且她們眼神如此急切，我只能支支吾吾地應着，且又不敢告訴她們，名單已在另一位當地朋友的手上。在大陸民間一般人的眼中，記者幾乎等於官方代表，而永遠無法理解一個民營報紙記者的報導角色，我怎麼去向這樣世居小島的人民解釋我只是想來了解狀況。而更重要的是，我根本沒有這個勇氣向朋友拿出我帶來的《中國時報》去唸失蹤者名單，萬一林聖由在死亡名單上，我怎麼去解釋，而如果換來的是整村的悲泣同哭，我怎麼有勇氣去面對呢？這個悲劇事件的責任雖與自己無關，但總是臺灣的人，我又怎能置身事外呢？

於是我只能支吾其詞，答應她們打電話回臺灣代爲查尋名單，並儘快予以答覆，但他們又反覆問着林太淸、林龍、林載福……等等名字。本地的朋友搖着頭告訴我別說什麼，但我依舊忍不住把所知道的林載福曾在電視上出現的消息說了。

「林載福還活着，我知道。」那紙一般的小女人說：「他在電視上我們有看到。但是林聖由呢？他是我的丈夫，你知道他有沒有活着？」她又問道，嘴唇顫抖，但語不成聲地流淚了。

另一個人解釋說，當地離臺灣很近，可以收看到臺灣電視的華視，但是沒有聲音，所以他們在電視上看過林載福，但其它人不甚淸楚。因爲我自己也記不淸，便只能重複種種安慰的話，說：「要寬心，不會有事的，不會有事的，照顧好身體啊。」

林太太的母親又走過來握住我的手，伊伊呀呀地用福佬話說着，但握着的手卻顫抖着。旁邊一個人說道，她們已一個星期無法成眠，無法吃飯了，在閩平五〇二〇號上，林太淸是這婦人的兒子，林聖由是她的女婿，現在一家人出問題，怎能不哭呢？解釋的漁民以近乎責備的口吻說道：「這個家就看這兩個人，你說怎麼辦？你看她，瘦成這個樣子！」他指着林聖由的妻子說。

我們幾乎是落荒而逃的，因爲在林紹禹的家門外、門外的小街上已擠了幾十人在議論紛紛，爲了怕引起太多震動，本地的朋友趕緊安排我們離開，然而，已然無法平息，在轉赴一個漁人的家中的路上，背後依舊追隨着當地的二十幾個人。

一到漁人家中，我趕緊躲到一個小角落裏，趁着無人望見之際察看報紙上的名單。上面是：獲救者之中有林泰淸（爲太淸筆誤），而失蹤者有林莖由。我估計林莖由應是林聖由簡體字的筆誤，心中驟然明白：這個婦人失去一個女婿，但還有一個兒子，而這個紙一般單薄的小女人，卻將永遠失去他的丈夫。

近午時分，漁人用當地的魚產煮了四個菜，還特地叫人去買啤酒，並且熱心地招呼着：「來吧，吃啊，吃啊！」我們幾個人卻沒有一個人拿得起筷子。然後我就看見林聖由的妻子，那紙一般單薄的小女人走了進來，像一縷沈默而緊追不捨的游魂。她並不走過來，而只是坐在我背後的牆角板凳上，默默盯着我的背脊，有如熒熒的夜火，無助而帶着怨哀。我彷佛感到背脊上有一股涼氣直直上昇，直涼颼颼地湮漫整個身體。分明知道她的丈夫的死亡，卻又望見這堅持、倔強地等待命運結局的眼神，分明知道其等待的無助惘然，卻又不忍說出以斷其無望中的期望，萬一說出抑且無法承受她捶胸痛哭要我還她丈夫的場景，我確乎沒有勇氣面對這個新寡的女人了。

我默默垂下頭，同行的同事也一樣，但又得裝得無事般地嗯嗯啊啊同別人應答，心中卻只能期望別再坐在餐桌前，對著死亡午餐。

幾乎沒有進食即結束午餐後，我們轉到漁人新建屋子的二樓，把漁民的悲戚親屬隔在樓下，把帶來的《中國時報》攤開，讓這兒的幾個人確定死者所在地。他們一羣人圍著報紙，聚精會神地讀著，看每一張照片，然後「啊！太清」「啊！戴福」「啊，聖由已經失蹤」。

難道這個小島真的隔絕到一無所知嗎？」我問一個知道的當地友人。

「上級領導是知道的，但沒敢說出去，希望是透過第三者慢慢傳出來，以免家屬受不了。」他說。

二樓的門砰地一聲被打開了，又湧進五、六個人。還是林聖由的妻子家人，以及林希信的父親及家人。林希信的父親一樣不知道他孩子的死訊，用福清話頻頻詢問有無林希信下落，這一張黝黑而長著灰白鬍鬚的漁民面容令人心酸，卻又難以面對其茫然。

最後，我只能假裝到底了，便說：「要寬心，要好好過生活，人應該是會平安的。」我知道我們是唯一的臺灣訊息來源，即使一點點安慰都或能使其度過幾日安靜的、安心的日子，雖然知其必爲短暫的欺瞞，但能有幾日安心日子對她們或許也是好的吧！於是我更加認眞地僞裝起來說：「別擔心，別再哭了。你們把名字和資料寫下來，我回去問問看，有消息一定會打電話來通知的。」

林聖由的妻子說：「你只要能找到太清，林太清就會知道聖由在哪裏，他是我哥哥，跟聖由一起出去的。」她終於拭乾眼淚，把兩手環抱在胸前，而瘦得單薄的前胸變成凹進去，有如要貼著後背了。

我拿起筆這樣記著：林希信，二十八歲，林紹禹之孫，育有一男四歲，一女六歲，家中有七口人，爲走私而貸款，欠債約上萬人民幣。

林聖由，三十五歲，結婚八年，育有一女六歲，一男四歲，父母六十幾歲，父高血壓，臥病在床無法走路，妹一人，無工作，妻撫育一子一女，孩子因營養差，常患病在衛生所打針，妻名林愛欽，爲閩平漁船五〇二〇號上生還者林太清之妹，日前租房子住，家中亦負債，以其借高利貸買貨走私。

林龍，十九歲，未婚。

以上皆爲失蹤死者，另有林載福、林金灿、陳炳玉、林吓俤、林太清等白沙村人獲救。

中午離開白沙村時，一輛大卡車滿載貨物彎過崎嶇巷道進入港口，其上覆以帆布，無人願說其中爲何，僅知是「海上買賣」用，目的地當然還是臺灣，海上的交易、走私的活動並未停止。

但悲劇還會繼續嗎？

之二／兩岸的地下供需系統

一九九〇年八月底的一個中午，即使發生二十五人悶死事件、二十一人失蹤事件之後，一輛以帆布覆蓋的大卡車依舊載滿貨物，運往平潭縣的小村子的港邊。它以緩慢的速度穿行過石塊舖就的崎嶇巷弄，艱難地移動，並行過價值達數千人民幣的一對石刻馬像之間，在行人躲避及注目之下，緩緩駛向港口。

港口剛剛放過鞭炮，又一艘新買的閩平××號漁船進港，港口圍滿了好奇注視的兒童，以及被鞭炮聲吸引而來的人們。他們注視著這艘船的船首及船艙上方掛著兩面中共的五星紅旗，迎著風張開，在迅即飄散的煙霧中，緩緩進入港灣。每一個平潭的人都知道，又是一艘「買賣船」進港了。

跟哪裏買賣呢？每個人都知道只有臺灣。

即使那兩個重達兩百公斤以上的石刻立馬像也一樣，它們只因太重而尚未運出賣掉。賣給誰？當然還是臺灣。

從福建省省會福州市赴平潭，要經過三個小時的車程，在小山東碼頭下車後，站在碼頭邊上等待一艘往返於平潭與大陸之間的俗稱「水鴨子」的登陸艇。一輛輛的卡車或小貨車也停在港邊，每一輛車都滿載著被帆布覆蓋的貨物。

當水鴨子抵達時，先是二、三輛卡車駛出，卡車都是空車，它們迅即駛離，而滿載的卡車即搖搖晃晃進入水鴨腹中，行人也魚貫進入船上。

水鴨登陸艇是平潭唯一的對外交通，細心的觀察者都能明白，這進入的卡車與貨源有密切關係，平潭不可能有錢要這麼多物資，它，就是流通於臺灣各地的大陸煙酒、中藥、大蒜、瓜子、香菇的來源。

平潭距臺灣新竹僅有七十三海里（一三五公里）。漁民坦白的說，乘坐快艇，三個小時就到達北部海邊，如果是大漁船就得一個晚上，所以速度很快。而新竹的南寮漁港成爲臺灣有名的走私港口，距離應是很關鍵的因素。平潭因而成爲重要的轉口站，大陸南北貨物雲集，轉往臺灣。當然，偷渡的人口也包括在內，一些外地人口集中於平潭，再轉往臺灣各地。

偷渡客要如何取得渠道偷渡呢？當地人所稱「蛇頭」是關鍵。當地人口販子叫「人蛇」，而「蛇頭」即是在福州市郊區、福清縣、長樂一帶活動，以介紹偷渡賺取仲介費用者。這些貧窮的縣市地區的偷渡客要花費約二千甚至三千元以上的偷渡費由蛇頭帶領，經由前述的小山東碼頭赴平潭的娘宮碼頭，再介紹給當地船主，由船主在擇定的日期通知後，同船乘坐直奔臺灣。蛇頭就是在賺取介紹費。而平潭本地人要偷渡打工據說只要一千五百元人民幣。

事實上，最初赴臺打工者以平潭居多，但時日既久，消息傳了開，一些貧窮縣份的親戚朋友就逐漸加入行列中，而稍知行道者亦要求轉介，於是就形成船主／蛇頭／偷渡客之間的生態系統。爲什麼要冒險赴臺灣打工呢？貧窮是最主要的原因。一個平潭人指出，如果福清、長樂、福州附近的人有厦門、泉州一帶的就業機會，生活可以安定，誰願意冒這個險去偷渡呢？而泉州，以前僅僅華僑匯款就曾遠遠超過泉州市的全年財政收入，目前發展快速，當地居民根本就不會有偷渡的舉動。這個平潭人指出：除非平潭或福州市一帶變成小康局面，否則偷渡景況絕無改變的可能。

偷渡者又要如何交錢及上岸呢？熟悉內情者指出，由於以往曾發生偷渡客搭載後船轉了個彎，被運往大陸另一港口下船的坑錢事件，現在大多把錢存在銀行戶頭裏，待偷渡客在臺灣海邊下船後回大陸才開始取錢，如此較爲保險。

偷渡客必備的東西包括兩樣，其一是新臺幣，以能够在上岸後，搭乘計程車赴目的地爲宜。新臺幣因而成爲平潭黑市搶手貨，原本約爲一比五的兌換比例，在平潭變成一元人民幣兌三元新臺幣。臺灣來的船員及避風的臺灣船客都是兌換的對象。在一些招待所外面，便有幾個婦人表面上在織著毛衣，而實際上是伺機準備兌換臺幣。它，又是走私偷渡中衍生的另一種生態，因爲兌了人民幣的臺灣人當然是要買貨回臺灣走私進港或當地用的，從而又衍生出買春、醉酒鬧事等等。

然而由於走私偷渡客被逮捕後，身上臺幣搜出後會被沒收，因此平潭縣的偷渡客目前以不帶臺幣爲宜，而改戴小的金戒指、項鍊等物品，以便上岸搭乘計程車時，以金戒指抵付車資。

上岸之後，漁民便沿著海濱公路走，一邊攔計程車，爲了避人耳目，一些漁民則乾脆晝伏夜出，有些甚至因爲路徑不熟而進入山區，從宜蘭平原翻山而過才到臺北縣，耐力之驚人確乎不可思議。而如果在路上看到警車怎麼辦？一位當地人士形容：「立刻跳到水溝裏，無論多麼深都得跳！」所謂水溝即道旁排水溝渠，偷渡客對可能面對的狀況，似乎都很清楚了。

另外的一個偷渡必備條件是介紹人。如果沒有臺灣相對的職業介紹及親屬，則一個陌生且衣著迥異的大陸人必然很快被認出來，找尋工作亦不易。熟悉內情人士指出，臺灣方面要有相對的親戚介紹人或工廠，才能順利找到工作，同時，上岸之後才有投奔的去路。一些並無親戚的大陸偷渡客上岸之後，由於人生地不熟很容易被騙上當，一些工廠以報警爲要脅限制其行動及代爲保管薪資，等到幾個月過去後，工廠主就眞的報警查獲這些偷渡客，然後送往靖廬。當然，這樣的情況雖曾發生但並不多見，因爲一羣大陸客之中總有一、二個人有親戚，他們所賺來的錢就由親戚代爲匯往故鄉，再通知親人領回，其情境與清朝時期赴臺打工者「歲暮還鄉，置產贍家」並無二致。

準此以觀，大陸偸渡客是大陸貧困地區謀求生路的人民、漁民與臺灣的勞動力需求者、掮客、親戚、廠主之間，連成一個食物鏈般的生態系統的產物。它絕非個別的現象或某種「中共陰謀」就能輕易導致，而是一個複雜的供需系統在兩種社會互相需求下的產物。大陸方面有一個供應的生態系，臺灣方面也有接應系統，如此才會造成今天的局面。

在平潭縣這樣貧窮的捕魚島裏，人們將很難想像怎麼會有一些衣著貌似光鮮的人提著行李包在街道行走，這些一眼即知是外地人口爲數不少，他們爲什麼來到平潭，要到哪裏去？人人心知肚明，唯有臺灣。

中共方面爲何不嚴格取締以限制人口進出平潭，甚至強行禁止貨物進出呢？情況也很難，因爲平潭已夠窮，再限制地方反彈太大。再其次，這個已然形成的食物鏈是堅強的自動運作系統，外地人到此查訪受到的矚目，不難隨時感受到。卽使是當地服役的士兵或派出所也受到當地居民一定程度的排斥，彼此之間，除非變成利益共同體，否則無法進入，更甭談隨時取締的行動了。

北京方面對臺事務官員明白指出，要解決這個問題的根本在於：拉近經濟差距，使得平潭、福州一帶的經濟生活可以像廈門、泉州一帶獲得基本穩定，如此就不會有人要冒著海上風險去偷渡。再其次，即是遣返問題，這位官員指出，除非正式把兩岸遣返問題及人員走私偷渡問題搬上檯面，好好的談一談，否則誰也無法解決，他明白指出，臺灣黑道偷渡到大陸也是一大難題，抓了之後，無法遣返，一關超過兩年就無法回臺灣，難不成大陸還要給他居民證嗎？他笑著說：「大陸是有偷渡客，但治安危害有限，但是臺灣偷渡客卻非常麻煩，『臺灣一掃黑，大陸就倒楣』就是最眞實寫照。」

偷渡人口在海峽兩岸之間的不正常現象何時才會解決呢？誰也無法預料，在兩岸經濟發展的差距下，中共雖然因其人民往外偷渡而深爲困擾，但亦無法禁止。一位官員指出，偷渡在大陸早已是一項既定的事實，以往一些靠近香港的村子，「連書記都跑了，你怎麼去執行不准偷渡的政策？」他說，重要的是發展經濟讓人民的生活可以安定下來，例如深圳一帶以往有大量人口偷渡香港，現在經濟發展起來，一些人又跑回來了。

然而，在廣大中國的土地上要何時才能把經濟發展起來，並惠及平潭這樣的貧困縣份呢？誰也無法回答。

走私的問題也一樣。在平潭本地人口中從未出現「走私」這個字眼，而稱之爲「做買賣」或「通商」。大量的貨品集中於平潭運往臺灣，北縣、宜蘭、新竹一帶綿延的海岸線都是可以進行海上交易的地方。然而，缺乏臺灣方面的接應及線索，在茫茫大海中如何交易、尋找買主呢？事實非常明顯，平潭的走私固然已形成一個利益共同體的經濟系統，臺灣方面也一樣早已形成一個食物鏈。他們可以用直撥電話同香港或其它地區連繫，決定需要何種貨品，再經由平潭方面採購訂貨後，雙方商定出口時間、見面地點、交貨方式、付錢方式等等，然後再行交易。

海峽兩岸之間的走私交易量有多少呢？一位負責臺灣事務的中共官員指出，目前通過海關出口的「帳面」是大陸輸臺每年五億美元，臺灣輸大陸每年二十八億美元，雙方仍有「逆差」，但在走私方面則是反面的，幾乎是臺灣對大陸的「逆差」，無人能確切估計到底有多少，但一位官員估計，大約在二億到三億美元之間。換言之，約有六十億臺幣的大陸貨物在臺灣被消費者使用。

走私貨品也因數量龐大而愈趨「多元」化，從以往的藥材、煙酒到現在瓜子、香菇，顯示此一地下市場及地下交易已深入到難以拔除的地步。光靠緝私就能解決嗎？僅在臺灣一地就能嚴刑峻法阻擋嗎？事實已經擺明，走私與偷渡一樣，已形成兩岸之間貨品與勞動力的「地下供需系統」，如果不從社會的需要面予以公開化、合理化的處理，則未來的偷渡與走私仍將層出不窮。

平潭縣即使在連續發生悲劇後，仍未有太大改變，一輛輛載著貨物的卡車在通往平潭的碼頭上進入，而出來的卻都是空車。這當然是以臺灣方面有人接應爲基礎。問題是：兩岸之間的關係已到了非公開處理不可的地步，包括兩岸人員偷渡與遣返等等，政府實在不應僅僅停留在表面形式化的禁令，而應更實事求是的進行實質的政策思考了。

之三／悲哀、貧困的荒岩之島

這是一個荒瘠之島，島上沒有一寸的柏油路，只有碎石與泥沙混成的泥濘路。

這是一個岩石之島，連房屋也是以岩塊壘成的石屋。

這是一個貧困與海盜交織之島，歷史上稱這兒是海盜羣居出沒的所在，專門打劫通往福州、厦門一帶的商船。

現在，這兒是一個走私偷渡之島，在海峽兩岸逐漸開放之後，距離之近與漁船之便使這個小島在福州一帶崛起，成爲通向臺灣的重要據點，並且擴大爲兩岸走私網的重要關卡。於是你可以在平潭看見穿著寫上「後備軍人」臺灣內衣的平潭青年。

平潭，這個福建省貧窮縣之中排名第五的「扶貧縣」，主要靠中央財政補助扶貧渡日的小島，竟因二十五人悶死及二十一人失蹤事件而成爲臺灣矚目的焦點。平潭人沒有預料到，中共當局沒有預料到，臺灣更無法預料這個集岩石、貧瘠、窮困、海盜於一身的島嶼竟成爲知名的所在。平潭，到底是什麼樣的地方呢？成爲走私之島的社會根源何在呢？

平潭是閩中沿海的一個島縣，是中國大陸距離臺灣最近的一個島嶼，距新竹一三五公里，距大陸本土三・二公里，全縣由一二六個大小島嶼組成，陸地總面積三〇九・八四平方公里，其中主島爲海潭島，主要的走私偷渡活動就是在海潭島上的白青鄉、東澳等地進行。

整個海潭島是一個海積平原，多爲第四紀堆積物，岩石以花崗岩爲主，故居民住屋多從山上敲打石塊，壘建成屋。由於平潭地處海潭海峽與臺灣海峽之間，自然形成一股強大的「弄堂風」，風力大時，屋瓦極易掀開，居民必須在每一片瓦上再壓著石頭才能穩固，形成了特異的景觀。也正由於平潭距臺灣很近，強大颱風來時，因有臺灣中央山脈阻擋而緩和，正面襲擊的次數極少。

平潭縣有多窮呢？依據福建省統計資料顯示，該縣在福建五十九個縣中倒數第五名，屬「扶貧縣」，財政收支根本無法平衡。以八五年爲例，財政收入只有五六三萬元，每年要靠中央撥補七百多萬元，但還是不够，地方財政之困難可以想見。

平潭人口目前約二十九萬，其中農業人口達二十七萬，但耕地面積卻只有七千公頃，按照農村人口平均耕地面積算，每人只有○．三九畝。據一九八五年的統計，全縣工農業總產值的比例如下：工業二八%，漁業四八%，種植業一三%，其他十一%。全縣主要經濟來源還是靠捕魚。但漁業資源日漸減少之後，全縣就只能靠走私了。

最足以說明平潭窮困狀況的是農村（含漁民）平均收入僅有二五○人民幣。換算成臺幣就是農村人口每人每年僅有約一千二百元臺幣收入。這樣低收入的地方，與臺灣每月約二萬臺幣上下的勞工收入相比，差距達百倍，偷渡打工的經濟根源卽明顯可見。這種現實，中共方面亦無法否認。

這樣的貧困，以致於溫飽都有問題，當地居民怎麼可能安於小島上？不偷渡打工或走私，那才是奇怪的事。平潭當地一位青年指出，卽使冒著再大的風險、危險，也得出去闖一闖，否則根本沒有出路可言，現在既然臺灣是一個出路，好歹得出去試試看。

三年前，海峽兩岸的開放更加速了此一海上交易的盛行。原本存在偷偷摸摸的交易愈形熱絡，臺灣漁船到此避風者發現了另一條路線，於是開始交易魚貨及各種物品。一位漁民指出，臺灣漁船出現後，魚類的銷售價開始上漲，原本一斤才二元人民幣的黃魚，現在一斤非要二十幾元、三十元人民幣才能買到。各種魚類在海峽兩岸漁船的合作下，被捕撈殆盡，現在，平潭附近的海域漁場裏，魚產資源也少多了。走私因此取而代之，成爲最重要的經濟活動。

在平潭的街道上，因兩岸走私而來的生活影響明顯可見。一個年輕人穿著繁體字的「後備軍人」臺灣內衣在街道行走，還有另一個人穿著「華夏工專」的制服在街道上逛呀逛。這些衣服，當然不會是漁民帶來送人的，而是上臺灣打工或交易後的結果。

臺灣來的漁民也爲平潭帶來相當程度的社會變化。一位當地人士指出，臺灣漁民在平潭的生活不外乎喝酒找女人。由於經濟發展水平不同，臺灣漁民在此出手闊綽，喝酒鬧事時有所聞。一個女性形容臺灣漁民水平非常之低，醉酒之後滿街胡言亂語，或滿地連爬帶滾的喧鬧。漁民也使平潭有了「妓女」，地點不在旅館之內就是在民房。一位臺灣來的漁民指出，平潭當地「夜渡資四百人民幣」。另一位漁民則極爲形象化的說：「臺灣人把『行情』弄壞了，搞得價格奇高。」他又說：「半夜裏聽見狗吠就害怕是公安來查，你說，這值上四百嗎？」

當地的人們對臺灣是懷著既愛又恨的心情，愛的是臺灣賺來的錢，恨的卻是臺灣人所帶來的社會影響極壞，「頤指氣使，仗幾個臭錢彌補自卑感」，乃至於覺得一些表現不佳的漁民就是整體臺灣人的形象。在愛恨交織中，迫於生活的所需，只能這樣繼續下去。

臺灣在平潭的一些生活與政策也成爲人盡皆知的偷渡「守則」。例如：遇警應卽逃躱，少外出少惹麻煩，減少生活花費以保持收入並讓老板高興，在被逮捕後不可說出聯絡親戚或老板的姓名等等。這些已成爲不成文的偷渡者的規律，在平潭人盡皆知。

事實上，誰也無法阻止偷渡或走私。中共發佈悶死二十五名船員事件，最初原因竟然不是針對臺灣，而是針對內部試圖偷渡臺灣者進行警告。一位新華社人員指出，偷渡的原因既然是經濟，強行禁止收效有限，因而最初的用意是要嚇阻沿海漁民，但沒料到臺灣出現這麼大的「反應」，而且，臺灣方面又出現強硬態度，才迫使中共不得不繼續「演」下去，如果中止倒像是中共新聞單位在推卸責任，甚至示弱。

一位中共國務院臺辦官員指出，偷渡走私的事情，對臺辦相關人員並非不清楚，這件死亡事件如果不處理，地方反彈太大，但沒料到新華社一發稿，臺灣變成「政治反應」，他說，原本新華社與對臺辦就是兩個系統，臺辦並不希望事情這麼複雜，但兩邊的說法一對上，臺辦也插不上手，變成這種情勢誰也料不到。這位官員說：「原本只是單純的遣返問題走到這個地步，實在太出乎意料。」他甚至明白指出，可以單純解決的實質遣返問題演變爲政治事件，反而淹沒當初的解決問題的本意，確乎令人遺憾。

然而，兩岸之間的互動關係又對平潭有什麼作用呢？事實非常明顯，微乎其微，它終究只是政治上層的思考，人民依舊在「地下供需系統」中，進行交易。

平潭，這個窮困無比的縣份，年收入合一千二百元臺幣的小島，只能生產出地瓜、花生以及鹽鹼帶的植物。居民每年種下地瓜，在春收、秋收之際，吃下些新鮮地瓜，餘下的就只吃着曬乾的蕃薯餐。連米飯都要靠外地的支援，才能勉強吃下地瓜稀飯。

借錢也成爲平潭的特異現象，爲了走私，一些人拼了性命借高利貸，利息高達五分，質言之，如果借一萬，每月得還五百元。萬一買賣不成，船員被破獲，則收入全部泡湯，老本也賠了下去。但是如果賺錢，可能就賺了一條新的船。一位平潭人形容道：「年輕人大部分都去過臺灣，包括走私和偷渡都有，冒險之外，平潭人有什麼辦法？」

事實也非常明顯，平潭不僅走私輸出貨品，走私輸入商品也有，這一點卽可以印證中共的「公權力」在平潭之薄弱。一包三五香菸在平潭只賣五元七角人民幣，約合臺幣二十五元到三十元，其上印着香港的免稅標誌，而不是「中國菸草總公司專賣」的印章。這些菸遠比大陸各地便宜，又是從哪裏來呢？當然是走私，而除了進出頻繁的臺灣漁船之外，還有誰呢？

卽使是漁民捕魚也有了非正式的勞務公司，臺灣漁船在臺灣開出後，卽赴大陸平潭找漁民，工資約每月臺幣一萬就够多了，卻可以收到排隊般的漁民，在海岸捕魚滿艙後，漁船卽回到平潭，卸下漁民發完薪資，才滿艙返回臺灣，如此一來，既省下工資，又有滿艙漁獲，當然讓臺灣的船公司趨之若鶩而成立「勞務公司」。

一位臺灣漁民表示，臺灣船員已愈來愈難找，有時臨到開船前還湊不齊，倒不如來平潭找人快一些。

要理解平潭的狀況只要拿新竹縣南寮漁港來比較就很容易。在漁業資源匱乏、年輕人就業不易、生活困難的情況下，南寮結成一個走私的利益網，連警方查緝都得派出大隊人馬，卻還鬥不過，最後連軍隊都派出來。平潭也是如此。中共當局爲防止走私，曾經封閉過平潭日沙漁港，但止不住當地反彈，禁了一陣子之後又開放。

這就是平潭，一個悲哀的荒岩之島，注定在海峽兩岸的禁令夾縫中，冒險討生活。在當地尚未發展穩定的加工業之前，在居民無法找到安定的生活方式之前，即使死亡也無法阻止後來的偸渡客、走私者。

如果兩岸當政者繼續玩政治的遊戲，喊口號、卸責任、互相推託下去，平潭及其它偸渡走私的港口還會繼續下去，悲劇當然也還會繼續發生，在這個沒有一條柏油路的岩石島上。

——一九九〇年八月

◈臺胞在大陸的怪現象

臺灣人在大陸是「了不起」的族羣：秉承高速公路路肩超車的勇猛精神，在優惠臺胞政策的大旗掩護下，高速行駛於大陸各地，錢囊與權謀兼備，橫衝直撞，令中共又愛又怕，令大陸旅行社暈頭轉向，令各地幹部無奈又窮於應付。

臺灣旅行團的作風是早在自家門內就這樣不按牌理出牌的。在大陸則又因語言通行無阻，更加有恃無恐。一位大陸旅行業者描述臺灣旅行團時就用上了「了不起」這三個字。他說，從北京首都機場下機搬運行李開始，就有人開始換黑市人民幣，這種「炒匯」是人盡皆知的違法情事，但臺胞可是入境隨俗立即搞了起來。

更「傑出」的當然是找女伴。一個旅行團從機場到下榻飯店，導遊正在爲團員辦 CHECK IN 之際，一個男性團員就走來跟導遊說，他要帶一名女伴同住，「這是我的親戚」他說。這名大陸導遊也不得不驚歎其手段效率之迅速，但也只能警告他：「這樣做如果被公安人員查到是要法辦罰款的。你要自己負責，我們管不著」。

令人頭痛的還是一些男性成員的額外要求。他們要求導遊「介紹女朋友」、「告知何處可買春」等等。當導遊表示「愛莫能助」之際，還有人極爲不滿，當場指責導遊太差：爲什麼某個團可以，這個團就行不通。

六四之後，各國赴大陸遊覽人數銳減，唯有臺胞不減反增，而且落個「臺灣人最刁，最難侍候」的惡名。舉例而言，有某個旅行團自香港轉廣州進入大陸，沿路旅遊後，有人回鄉探親，有人隨之脫隊；有的半路決定奔赴他鄉另謀遊戲，還有的半路結識女友，便要求導遊讓那女伴同行觀光，不被准許，就脫隊相偕私奔。到最後，這個二十幾個人的旅行團隊只剩三個人還遵照原計畫從廣州離開。其它人已如柳絮飄萍，不知散落何方。等到臨要離開大陸找不到機票時，才又回頭與旅行社聯繫。旅行社當然很痛苦，因爲這筆帳不知道怎麼跟臺灣方面算。

有臺胞的地方當然脫不開酒與色。一些計程車司機或三輪車夫在觀光地區的城市飯店前拉客，碰到臺胞總是會問：「要不要去喝酒，搞個對象？」細問爲什麼這麼問，他可振振有辭：「你們臺胞不都是這樣嗎？」

一位福州市出租車司機抱怨，福州附近的買春行情被臺胞哄擡得過火，以至於貴不堪言。他透露，臺胞一般二百元，但本地人約一百元人民幣，以充份顯現各觀光區有兩種票價「內外有別」的「一國兩制」精神。但這只是「春風一度」的價格，在平潭島，幾個臺灣漁民滯留當地達二個月，將福建一帶行情搞得非常清楚。他是這樣說的：「一般而言是四百元一夜，廈門、福州一帶皆然，臺灣的觀光客把行情拉高了。連平潭這個地方也一樣，很多漁民來買春，一樣四百。平潭這個地方，女人的面貌和感覺都不好，卻這麼貴，都是臺灣漁民的『成果』。」他還詳細地描述其情景如下：「一般而言都是在民宅過夜，但是半夜一聽到狗叫聲，就嚇得驚醒過來，娘咧……。」

這是在平潭，一個臺胞的觀點。而據平潭當地一位女性臺胞接待者的描述是這樣的：臺灣到平潭的人大多是漁民，水準相當低，一上岸就是找酒喝，醉酒之後，甚至滿地亂爬，像色狼一樣的找女人。他們以爲有錢就什麼東西都買得到，女人也不例外。平潭的風氣被搞得很壞，一些人偷偷賣春，我們自己也沒辦法。但心裡眞的很厭惡，他們趾高氣揚，以爲有錢就是大爺，把人不當人看。以前，我都以爲臺灣就只有漁民和高山族漁民，水準那麼低……。

趾高氣揚、貪酒好色幾乎要成爲臺胞的標誌。一位旅行團導遊描述一個臺灣團的男性成員，當著女性團員的面，要求「介紹」；並願意給介紹費，導遊告以無門路時，竟有其它團員跟著起鬨，要取消行程。「買春」變成臺灣文化的一部份，而這一部份在大陸不被准許時，竟能當著女性臺胞面前大談特談，這一點，才眞正令大陸導遊驚訝。

臺灣文化中的卡拉OK也一樣流行到大陸。這尤其以觀光飯店爲然。在北京市五星級飯店的王府飯店，開一瓶洋酒要二百美元左右，幾桌臺灣考察團成員喝一夜下來，花掉上千美元是常有的事，其出手之闊綽，令大陸的工作人員驚訝不已。以服務員而言，一個月薪水頂多三百人民幣，一夕喝掉尋常百姓二年所得，怎能不令人側目呢？更何況以大陸知識份子收入的二百人民幣計，三年薪水才得一夕痛飲，心理上能平衡嗎？

黑道份子避居大陸也是問題所在。福州市有一名「黑牛」的對頭，原本住在市區外貿酒店。該酒店爲中日合資，管理尙稱良好，夜間有鋼琴、小提琴協奏曲或弦樂四重奏的表演，在莫札特、柴可夫斯基、梁祝的悠揚樂音中，別有逸趣。但該名黑道入住後，即帶來一批兄弟，這羣兄弟又各帶一位女友，成羣結隊進出卡拉OK。由於在臺灣的財源甚爲豐厚，出手豪奢，飯店服務員無不爲之側目，但相對於趾高氣揚，頤指氣使的作風，也令人敢怒不敢言。據描述，他們進入卡拉OK常常有意送錢給歌女（臺灣歌廳、那卡西舊慣之延續），因而演成爲面子而爭風吃醋，甚至砸破酒瓶，在演奏莫扎特的大廳互相追殺的局面。飯店嚇得不得了，趕緊召來公安人員，將這批人逮捕拘留數日。但由於當時尙無遣返管道，公安部門只能隨即釋放，不敢判刑，怕萬一判刑後這些人坐牢超過兩年，喪失返臺入出境資格，中共還得收留這批人當「中華人民共和國公民」。所幸福州後來又開了另一家「溫泉大廈」的飯店，以供應溫泉作爲誘因，使慣於北投風味的黑道份子轉入溫泉大廈居住。如此，一般臺商或日商才又回到外貿酒店投宿，但生意已大不如前。

而在厦門方面，亦有黑道混跡。一位國務院臺辦人士形容，現在的臺灣黑道甚至不住觀光飯店，他們一來就租屋住進民宅，再請一個漂亮的女秘書兼情婦，買一部自用車，買一架行動電話，便什麼事都可以做了，包括遙控臺灣黑道。這種情況，令中共方面頭痛不已，因爲有了「大哥大」與轎車，這羣人變得行蹤飄忽，甚難掌握。

此外，還有一團北市議員亦最被中共官員「津津樂道」。此團號稱攜有美金一疊，要到北京市發放獎學金給成績優良的小學生每人一百美元。但被中共拒絕。一位文革時曾經下放到農村教過貧窮小學的臺辦官員說：「我們的教育原則是教小朋友要勤勞、節儉、不貪不求等人格美德，現在來一團人帶著美金要發給小朋友，那我們怎麼去教育孩子做人的原則，而且他們拿了美金一百元能做什麼呢？」他基於農村小學的貧困說：「事實上大陸的教育經費是有困難，我們的一些小學教室年久失修，小朋友缺乏書本、書籍、教學材料、圖書館等等，都是貧窮的現實，我們的教育是需要幫助，但錢要用在最需要的地方，幫助最需要的人，而不是拿著美金，憑空想像的亂發，這樣大陸也很難接受。」

返鄉探親者對地方教育的捐助，因而是最受地方及中共當局稱道的，那種默默協助地方教育，眞正扶助窮困弱者的精神，或許是臺胞在大陸最値得稱許之處。

李維・史特勞斯在《憂鬱的熱帶》中寫過這樣的話：「通常，人都把旅行視爲空間的轉換。這種觀念有欠充足，旅行不但在空間進行，同時也是時間與社會階層結構的轉變。」（王志明譯）從社會階層結構的轉變來思考臺胞在大陸，或較能明白爲何會出現各種怪現象。因爲貧困者在不同時空對比下發覺自己變成了富裕者，中下階級一夕間經由空間轉換，自視爲上等人，這種現象是由便宜的物價，一毛錢一斤的西瓜，以及當地消費水平、薪資水平之低而積累起來的。然而如果臺灣人不具自省能力，將這種比較心理加以調整，進而宏觀地看到整體社會的構造，尊重當地的文化與生活，就極易成爲不自覺的加害者，隨時傷了自己同胞的自尊心而不自知，而這種自尊心的傷害，又因其原來社會上下階層之互相歧視剝削，在無形中成爲其性格的一部份，在自以爲是不同階層的大陸旅行中顯現。

這或許是在大陸的臺胞的心理關鍵所在。套用一句大陸友人的話或許能詮釋對此不滿的大陸人的心聲，他說：「一些旅行者在大陸，表面上雖是趾高氣揚，但骨子裏卻只是爲了平衡他在臺灣的自卑感而已！」

——一九九〇年九月

◈解嚴時的兩岸關係

作者註：本文發表於一九八七年九月的《自立晚報》，係因應當時未宣佈開放探親之際的趨勢性預測，文中的觀點在後來的發展中得到印證。唯其資料俱爲一九八七年之資料爲主。

之一／互補的經濟結構

一種全新的臺海兩岸情勢，在解嚴後的臺灣社會內部，正展開其繁複、細密而又冗長的由「量變」到「質變」的過程。

這種變化始於民間，發展於民間的自然需求，而終於逐漸促使政策做出調整。從最近政府當局的連串措施，也可見到臺海兩岸的社會關係網絡，正在進入急劇變化期，開放探親只是第一個動作而已。

在人類社會關係網裏，屬於血緣、經濟、文化面的接觸早已在兩岸展開其暗中的或半公開的交流。如今開放探親、審查開放大陸文化作品（如方勵之選集的出版），以及大陸漁民的臺灣外海交易、轉口貿易的大幅增長等等，都在在顯示出，政治面的轉變已具成熟的條件，開放已是必然的趨勢，問題只在何種條件下如何開放而已。

臺海兩岸轉口貿易量的暴增不自今日始，從一九七八年中國大陸開放以來，轉口貿易即呈成長態勢。從第一年的五萬美元直至八六年的八十一億美元。反觀大陸貨品的輸入臺灣，則成長較爲緩慢，自七八年的四千六百餘萬美元至去年的一億四千餘萬。這二者的經濟交流，形成一個特殊的經濟關係。

除了量的轉變之外，更重要的是雙方的貿易以何者爲主？是什麼樣的結構？根據中華經濟研究院林昱君的研究，臺灣與大陸的轉口貿易目前呈「互補」性質。臺灣出口以成品爲主，如：軟木製品、糖製品、電訊器材、收錄音機及重放裝置設備等等。而大陸輸入臺灣則以原料爲主，如：油籽、含油果實、石油製品、飲料、香油精、香料、食用活動物、肉製品等等。

以生產水平而言，二者處在不同水平上，因而具備著互通有無的互補效果。然而在對外貿易上二者也有互相競爭之處，亦卽大陸幾個特區的開放已對臺灣的鞋類、旅行用具、成衣、家具等，造成競爭作用，形成下游工業的壓力。

根據中華經濟研究院的研究，純粹就經濟面來檢驗雙方的互補，有著這樣的利益：「在積極方面，由於受到大陸的加入國際市場，使得臺灣地區許多下游工業受到競爭，而加重工業升級的壓力。另一方面；大陸地區由於經濟政策的轉變，輕工業原料發生短缺的現象。無疑地，臺灣與大陸之間，下游產業競爭，而中游產業互補的這種現象，如運用得當，大陸市場將有成爲臺灣工業升級的墊腳石之可能。就消極方面言，大陸市場的存在，至少可使臺灣增加一個可資調節景氣變動的緩衝區。」（見〈經濟前瞻〉）

也就是說，前文所述的中小企業升級的困難可因大陸轉口貿易的互補作用，而獲得升級的機會，同時也是紓解中小企業面對內在雙重挾擊時的可能出路。

根據林昱君的研究指出：轉口貿易對臺灣的影響除表面的貿易額之外，輸出、生產、就業量的效益，每賣出一美元，就可帶動臺灣二美元效益，其比率同其它貿易地區一樣，並無其它不同。就其對產業影響而言，根據行政院主計處的統計年表，每一部門都受到相關影響，並無片面的衝擊。

因而純就經濟層面來考慮，將大陸當成一個貿易地區或單純的貿易對象，它對臺灣經濟發展至少有兩個優點：作爲臺灣產業升級的踏腳石（就是將加工出口型模式「外銷」）以利本身轉向中游工業，以及擴展一個寬廣的市場，作爲景氣衝擊的緩衝站。

再就互補結構來看，大陸原料之進口對臺灣相當有利。據研究指出，由於大陸隣近臺灣，進口原料成本及運費低廉（比起日本千海哩，它只有百海哩），可降低臺灣生產成本，以利國際市場競爭。就大陸而言，剛剛發展起來的特區也需要臺灣方面即將淘汰產業的支援與技術。這種互補結構，應是使得兩岸貿易量持續增長的主因。

以此來觀察大陸漁民對臺灣一般消費品的需求，以及業界對大陸酒、藥材、棉紗、芝麻、油料等的需求，二者在互補的基礎上建立了一定的特殊地下經濟網絡。而且，隨著解嚴的到臨，大陸漁民叩關已成爲普遍之事，而大陸產品之經由地下管道進入市場，也已成爲不爭的事實，這都可證明出，轉口貿易所據以統計的數量只是經由香港官方統計的檯面數字而已，不知有多少「地下進出」正在暗中進行，而這些都是無法統計的。中部地區目前已出現大量大陸李子、水果，這是繼酒類進入後的另一發展端倪，值得矚目。

無可否認的，就純粹經濟考慮而言，這是政府因無法正常化而來的一大筆稅收損失。政府當局絕非不清楚此一情勢，而是礙於政治顧慮無法放手去做。

然而，伴隨著開放港澳觀光與探親的政策，原本相當強硬的教條在血緣、經濟需求的呼籲下，逐步解凍。在可預見的未來，政府所宣示的「政府與民間區分」的原則將使得政治不再無所不在地插手每一件事務，而必得循著人性的、經濟的、文化的基本規律前行。換言之，政治在臺海兩岸關係中的角色扮演將逐漸轉換，而使得對各層面的控制系統轉型。

基於人道原則，開放探親政策爲政府的開明形象再度贏得一局。但基於經濟的內在需求，即中小企業的出路，生產水平的升值，互補結構的需求等難以更移的因素，政府勢必要在兩岸的經濟關係中作出調整的政策。如果因應政策得當，對臺海兩岸的複雜關係將加上一塊極有份量的籌碼，因爲，武力犯臺將因社會關係網絡的複雜而宣告消失，而臺灣也首先立在上方，以高一級的產業水平採取主動出擊的有利位置。

以政治與生產水平的關係來看，政府決策確曾在臺灣經濟發展史上奠上一塊有力的基礎，但是隨著經濟發展，政治反成爲生產水平提升的困境，如今，是政治放棄其對經濟活動的限制，使生產水平得以提升的時候了。這也可能是決策當局必須走的一條路。

之二／中小企業的「第二春」

在臺海兩岸的社會關係網絡中，血緣與經濟關係網無疑是最早發生作用的一環。血緣，作爲人類關係網絡之無法分割的一部份，始於五〇年代的「唐光華信箱」。此一信箱是由政府爲處理兩岸的通信而建立的第一個「轉口貿易」中繼站，地點在香港。隨後由於轉信過多而「停止接單」，僅處理原來數量，限制信件之增加。但自此之後，自港澳、美國或其它國家轉信的事，層出不窮，隨著歲月增長人卻難保永壽，通信有增無減，而赴大陸探親的人數也隨著臺灣開放觀光而日漸增加。可見得血緣終究是無法遏止切斷的最基本社會關係網。

然而經濟網的建立卻不是因應心理需求的產物，而是基於生產、市場、勞動力等經濟的因素產生，所謂「互通有無」是建立經濟網的古老法則。但是，臺灣有無必要與大陸建立互通有無的內在經濟需求呢？臺灣內在條件是否成熟到必須資本、技術或商品輸出呢？有待更進一步質問的則是：如果要輸出，爲什麼是中國大陸而不是別的地方？

要理解臺灣內在資本是否過剩，看看外匯存底的累積增加，卽可明白。這些外匯不僅是臺灣有錢的經濟實力，而是要換成新臺幣大約一兆八千億（以一美元對換，六百億美元爲基準）的「內在壓力」。用通貨膨脹的一般理論來看，貨幣供給超過物質供應，供需失衡，卽會出現搶購物資的局面，如此一來，通貨卽告膨脹。

此種經濟理論可用以初步解釋股票大幅升值、房地產暴漲，以及大家樂吸納數百億資金於其中的淵源所在。紓解此種壓力的辦法大體有二端：一是開放資金外流，二是開放內部市場讓通貨流入。這兩點，政府有關當局也已做了不少措施。解除外匯管制，帶團赴東南亞、南非、中南美等地參觀考察當地投資條件，以及開放外商進入臺灣服務業、保險業等等，都是具體的做法，一個共同的決策名稱卽是「國際化、自由化」。

就功能而言，此種做法皆足以緩和通貨膨脹的壓力。然而，誠如經濟學家所預測的，外匯開放猶有限制、關稅保護仍然存在，且因幣值操作過於緩慢，無法因應變化甚鉅的市場，因而資金猶在四處亂竄。向著房地產、股票、大家樂等投機性事業洶湧而去。其結果，即是內部資金流動呈不可測狀態。政府為解決此種危機而加速推動「國際化、自由化」的政策，但這個政策對中小企業的生存發展構成沉重壓力。

從臺灣的經濟結構來看，國營事業與大企業的市場主要在內銷，雖然它仍然是出口導向經濟的一環，但因吸收政府開支、工程，和民間消費而能保存相當的獲利率。然而中小企業則以外銷導向佔絕大多數，在臺幣升值的壓力下，外銷競爭能力勢必減弱，何況臺幣升值又因政府操控，漲停之間受政府決策與美國影響甚大而難以按規律預估，因此獲利率節節下跌。以一九八一年為例，中小企業獲利率約在二一・二%，而非中小企業則在六・八%。如今在臺幣升值壓力下，勢必更低。

在此種狀況下，中小企業實應轉而內銷，以求獲利率之增加及對外倚賴的降低，然而國際化、自由化，卻又使得原本被國營企業、大企業所佔有的內銷市場，成為跨國資本的「逐鹿之場」。跨國資本挾其雄厚資金及國際行銷體系的方便，一方面與政府當局又有相當良好關係，遂使其佔有臺灣市場的力量更形巨大。

如此一來，臺灣中小企業在臺幣升值與外資攻佔的雙重挾擊下，經營備感艱辛。在未來的時間裏，即使公營事業放棄獨佔而放出經營權、所有權，有能力購買或建廠的仍是以大資本企業及官方關係良好者居多。王永慶的六輕設廠案即是一例。資本的集中原是作爲政府「產業升級」的必要條件，然而，爲數五萬餘的中小企業的出路何在呢？

在《臺銀季刊》周大中著的〈臺灣中小企業與非中小企業財務狀況比較〉一文中，已透露出幾點訊息：中小企業固定資產低，機械設備少；外來資金在六成以上，流動負債高；偏重外銷，利潤率差；短期借款比率高，且大多爲民間金融借款，這表示對購買生產設備的長期借款興趣不大。這些性格，使得中小企業轉型成爲大資本企業極爲困難，外在條件也不樂觀。以社會結構來看，以往「白手起家，億萬富翁」的六、七十年代已然一去不返了。臺灣社會其實正朝向兩端發展，一端是勞工，一端是大企業體。

在惡劣條件下生存的中小企業因而面對被淘汰或整合的局面。整合又有困難，淘汰不甘心，因而必須在其它國家尋找中小企業（也就是臺灣經濟模式）的「第二春」。政府決策也確乎朝此前進，以便打入他國市場。

中國大陸是一潛力極大的消費市場，臺灣的企業主也循著規律前行，開始與大陸之間有了轉口貿易、走私、海上易物等初步現象。然而伴隨著中共經濟特區的設立。儼然加工出口型工業區的六、七十年代發展模式恍然在大陸浮現，中小企業主尋找「第二春」的夢想的來臨，遂成爲極其自然的事。這種心理因素，是促成企業主在探親訊息首度由政府發佈的次日，即要求政府開放「通商辦法」並充滿期待的主要原因。事實上，轉口貿易的增加，也已是促成此種心理因素的物質基礎。

——一九八七年九月《自立晚報》

◈兩岸關係新趨勢一九九〇

作者註：本文發表於一九九〇年七月，當時兩岸間尚無民間組織而且有政治性喊話，但經濟交往之投資熱潮已開始了。

之一／由對立走向倚賴

臺灣股市崩盤而瀕臨於金融危機的七月初，中共國務院臺辦一位官員在私下交談中表示極度關切，深恐臺灣發生連鎖性經濟風暴。爲什麼這麼關切呢？他說：「廈門有幾個投資個案因臺灣的股市崩盤而陷入停滯不前，資本抽不出來。有一個高爾夫球場的臺灣投資人因資金深陷，面臨破產，這個投資案也完了。我們深怕臺灣經濟發生危機，這對大陸東南沿海的發展影響太大。萬一臺灣經濟大崩盤，大陸也很不利。我們很擔心！」

這位官員再三詢問股市未來可能發展，以及經濟風暴的影響多大，並且深深困惑地說：

「我們在這兒能夠做什麼呢？」

「我們能夠做什麼呢？」這句話同樣在去年六四事件發生後，反覆出現在臺灣民眾及官員的口中，期望能為大陸人民做些什麼可以幫助的事，但隔著海峽，誰也無能為力。

大陸臺辦官員對股市的關切主要源自東南沿海投資的憂心，但這個事實也表明海峽兩岸經濟交流的事實，正在改變兩岸關係，由以往的對立對抗，向經濟相互倚賴演變過渡。臺辦官員的說法正相對地呈顯出，臺灣經濟的萎縮或崩潰，對大陸是極大的不利；而大陸經濟與政治的不穩定，對臺灣也是重大的打擊。而這樣的經濟現實也在改變中共官員的意識，從以往的「國共絕不共存」「一定要解放臺灣」的戰爭意識，走向「我們能夠做什麼」的觀點。

這個個案同時顯示出，兩岸在大量的探親、觀光、經貿往來之後，已逐漸走向互相倚賴、共存共榮或者共同毀滅的階段。換言之，大量積累的「量變」已確確實實導致海峽兩岸關係的「質變」。此一「質變」不僅在經濟關係中發生，它同時成為一種現實，一種想法，以及兩岸在進行決策思考時的必然基礎。

臺灣方面更為鮮明，股市每每以傳言鄧小平死亡作為「殺低」的消息，而中共領導人的異動，保守派或改革派何者擡頭之所以受到高度矚目，實與改革派之擡頭可使外來投資獲較多保障，對投資者有穩定信心之作用；而保守派擡頭則極可能走向高度計畫經濟之老路，排斥市場經濟，對外來投資者限制可能更嚴、更不利。

以往，臺灣方面在面對中共時最憂心的莫過於中共政策之多變，以及中共隨時武力犯臺的威脅將使投資泡湯。但目前的情勢發展卻是：中共亦逐步存在對臺灣經濟的相對倚賴，尤其六四之後，歐美日資本大受影響，投資裹足不前，有些投資到半途的企業甚至因此放棄，而唯獨臺胞「勇往直前」，探親觀光人士今年預計將突破一百五十萬人次，而直接投資將達到十億美元，此外，間接貿易今年將突破四十億美元，相較於歐美資本的停滯，臺灣資本乃成爲中共首要的爭取目標。立委張世良所率領的「兩岸工業促進會」及張平沼所率的「兩岸貿易協調會」在北京召開及訪問，都受到中共的接待與關切，卽爲此種現實條件下的產物。

經濟的倚賴關係亦促使中共對臺的態度必須放得更加緩和。一位中共臺辦決策級官員指出，從吸引臺資及大陸東南沿海之經濟發展策略，實際上已顯示「武力犯臺」的可能性逐漸降到最低點，他分析說：「武力犯臺的做法如果發生，中共首需考慮的是大陸的整體經濟發展將陷入困境，因東南沿海的四個特區及十四個開放城市是整個大陸經濟發展的龍頭，藉由經濟大循環來改變中部內陸區及西北地區。作爲當前重點發展經濟戰略的東南沿海如果發生戰爭，中共損失是極爲慘重的，因各國資本也會同時撤走，辛辛苦苦建立的經濟成果會毀於一旦。因而不放棄武力犯臺其實是擁有這個實力的現實，但眞要做，是在萬不得已的情況下，選擇玉石俱焚的結局。這絕非大陸人民之幸，亦非臺灣人民之幸，中共除非被逼到絕路，否則不會走上這條損人害己之路。」

「武力犯臺」因交流而「質變」到由大陸經濟發展來思考，「孤立主義」問題亦深深困惑中共臺辦官員。一位官員說：「我們明知臺灣經濟非走向所謂的國際化、自由化不可，沒有國際出路，臺灣經濟會發病崩潰，但我們又無法接受兩個中國或一國兩府，未來，主權問題主要呈顯在國際社會中，尤其外交的正式關係上，這一點中共絕不可能放棄，但我們也不願眼見臺灣經濟因孤立而崩潰，因而唯有放手讓臺灣以各種商務辦事處或半官方半民間機構在國際社會中存在。但一些國際組織在民間與官方的分際上又常互相混同，難以分辨，中共唯有逐一解決，但放手讓臺灣加入國際組織卻是一項政策，唯正式的外交主權之承認，是絕對無法同意的。」但在混雜難辨國際組織中，中共仍繼續孤立臺灣的正式外交關係。

經濟倚賴會逐漸導致兩岸關係的「質變」，人員往來也一樣。中共臺辦副主任孫曉郁在接受訪問時指出：「人的關係是微妙複雜的，以往我在法國任外交官，一些熟識的法國政界朋友後來對我說，他們每每遇到反對中共或不利於中共的決議案時，就很難下決定，因他們每每想起這個朋友，以及他的面貌，一些議員有時甚至採取棄權以免爲難。兩岸關係未來可能有此種發展。」

孫曉郁的態度鮮明地顯示出中共希望透過人員往來，化解分離主義的發展，使人員往來也帶有「質變」的性質。而同樣的，臺胞在大陸的接觸交往，亦將促成大陸的變化，改變臺灣形象之外，更會積累人民對臺灣的認識。相對而言，政府如果更有信心地讓大陸民眾及記者到臺灣訪問，未嘗不能發揮「量變到質變」的積累作用。

中共對臺政策的變化是兩岸關係「質變」後的結果，同樣的，政府當局亦應認眞檢討整體大陸政策，始能取得主動先機，在兩岸交往中站在更有利的位置。未來將不再是「大吃小」或「臺灣經驗反攻大陸」的過程，而是在互相倚賴的關係下，雙方維持主體性，並發展彼此經濟的「共生」的過程。這樣的現實，亦將是中共政權或政府都難以逆轉的趨勢。

之二／立足大陸東南的雄心

「任何外交都是內政的延伸。」曾擔任過中共駐法外交官的中共國務院臺辦副主任孫曉郁在屢次談話中反覆談及此一觀點，他說：「大陸的對臺政策雖然是內政問題，但對臺政策卻顯然是內政延伸，港澳也一樣，我們要進行『國是一盤棋』的總體思考，而非孤立地看待臺灣問題。」

中共以其發展全局的觀點來思考臺灣問題，但政府相關部門是否有足夠的智慧以全局觀點來看待中共對臺政策呢?答案是令人悲觀的，在對中共的回應上，不是武力犯臺或是統戰陰謀的高度恐懼，就是「臺灣經驗反攻論」或「以經濟反攻」的過度自信。卑弱與自尊之間恰恰是一體的兩面。也正因此，臺灣方面對中共的對臺政策常常摸不著頭緒，淪入在絕望與高度亢奮的兩極間擺盪。一位臺辦官員曾語含輕視地說：「中共對臺政策的大方針及原則其實無太大改變，變的是情勢及策略。但不知道爲什麼臺灣來的民意代表都不太清楚，好像我們得從頭講ABC。」

什麼是中共的「統戰陰謀」呢?什麼是中共對臺的新策略呢?這些策略形成的背景與原因何在?實際做法爲何?它的未來影響何在?這些都是問題的關鍵，如果能夠確切分析清楚，中共的「統戰陰謀」就沒有那麼可怕，而沒有恐懼與亢奮的擬定大陸政策，始能在回應時發揮功能。

中共對臺的政策原則總的來看，是「一國兩制、和平統一」，即在一個中國的原則下，以和平方式統一中國，而其延伸卽是在外交上對邦交國要求只承認一個中國之原則。往下延伸卽是如何完成「和平統一」的過程。「黨對黨談判」是談判過程，三通四流是兩個社會的交流過程，維持臺灣地區的經濟、政治、軍事制度是其預設中的最後結果。從原則、過程到結果，中共事實上已非常清楚。但應該注意的是，一如中共高唱「四項基本原則」，但實際經濟上已有大量非共產主義教條的自由經濟成分及市場經濟走向出現一樣，中共的「一國兩制」會變成什麼模樣，還很難說。正如某位臺籍人士說的，中共只要能在口號上不變，實質上的彈性很大，誰也料不準一國兩制最後會變出什麼模樣。八九民運中的打著《毛語錄》上街頭的學生要求的是民主實質就是最好的說明。他認爲，臺灣的空間還很大，但要緊的是能影響其決策，以期使中共眞正了解臺灣，進而改變某些原則。中共臺辦的大部分官員甚至在交談中表示，「一國兩制」或任何名稱，以及最後的結果爲何並不重要，它是可以改變的，重要的是當前的交流過程將爲兩岸的未來發展打下基礎，未來的兩岸定位問題唯有在這個基礎上談。「它是什麼形式不重要，中國人很聰明，自然會想出一些名目，一套辦法。」臺辦副主任孫曉郁如是說。

那麼，當前中共對臺政策的實際執行又是什麼樣的內政的延伸呢？大陸社科院學者劉國光在最近發表於《人民日報》的文章中寫得非常清楚：在二○○○年，大陸經濟要翻兩翻，也就是平均收入要提高兩倍。而中共的總體戰略卽爲胡耀邦一系經濟研究部門所提出的「經濟大循環」概念，透過吸引外資及開放沿海城市，全力發展東南沿海經濟，而經由東南沿海之發展，推動中部沿線地區，再進而發展原料礦藏豐富的西北地區。但此一計畫已因六四事件而宣告停頓，外資進入緩慢，連一向熱中的日本也裹足不前，唯獨臺商與港商繼續進入，尤其是臺商，在六四之後異乎尋常的勇猛，連七百人的工商考察團都開到北京去開會。

六四事件使中共外交及國際形象大損，內部民心不穩，經濟發展停滯，眼見公元二千年翻兩翻的大戰略爲之困挫，中共唯有採取緩和措施，在美國維持優惠國待遇後，釋放方勵之出國，同時逐步釋放民運份子，此外，中共並全力籌辦亞運，藉由亞運改變國際形象及外交關係，同時透過各國比賽凝聚內在的民族主義的情緒。在資本吸引方面，中共則以各種接待及高層領導人接見來吸引臺商。套用一個知識份子的話，中共目前傾全力做兩件事，辦好亞運及吸引臺商，這兩者都與六四後的經濟困境有關。

籌辦亞運與吸引臺商無非執行鄧小平在六四後所說的：經濟開放改革不變，要在公元兩千年完成經濟翻兩翻的目標。那麼臺灣在其中的位置就愈發重要。六四之前，中共東南沿海的經濟發展部署是：廣東省及其深圳、汕頭等特區以吸引港商爲主；福建省及廈門特區以吸引閩南人，尤是臺胞爲主；而渤海灣（黃河出海口）的青島、大連、煙臺等開放城市則以日資爲主；至於上海一帶（長江出海口）則因當地鄉鎮企業相當發達，自身已形成自主性相當高的合資、合營企業型態，外資的進入亦較爲複雜。在經濟大戰略中的這些沿海城市原本臺灣資本的定位以福建爲主，但由於外資缺乏，始轉而投向其它地區，如果臺商投資地擴大，則臺灣對大陸之影響力會更大，更廣泛。

大陸的一名海外知識份子曾說過：臺灣對大陸的影響力不可能是經濟反攻論，或臺灣經驗反攻論，以中國大陸之大，中部地區的發展及廣大的西北地區，連中共這麼龐大控制系統要平衡發展都困難重重，何況以臺灣這麼小的地方，七百億美元外匯存底全都投入也只是泥牛入海，淹沒無跡，因而要有戰略性的選擇。卽在沿海開放城市中，以閩江口及長江口爲主。他說，臺商在福建素有淵源，文化語言接近，而國民黨以前之浙江財團在上海亦有淵源，臺灣若能在這兩個地區重點發展，則對中共的經濟戰略才能具有關鍵性位置。臺灣如果對中國大陸的發展具有重要地位，則未來的談判、交涉、兩岸關係的定位，必然會因之改觀。這位海外知識份子說：大陸的區域經濟之間逐漸出現矛盾，要求更多地方自主權的呼聲日高，如果臺灣能在東南沿海開放地區的四條河流出海口，以閩江及長江爲發展主體，再聯合香港在珠江口的利益，則臺灣的確保安全及安定，絕對可以加強，談判籌碼也會增強。

如果，臺灣的經濟影響遍及兩個主要流域及省份時，中共的中央集權模式也會爲之改觀，至少，它不能不顧及東南沿海的發展目標。

在回應中共吸引臺商的「一個中心三大塊」時，再度用「統戰陰謀」來描述已毫無意義，所謂「統戰」分析地來看，其實是中共內政的延伸，如何定位兩岸的經濟發展階段，進而在大陸立足，影響其發展，是政府在擬定大陸政策時應具備的戰略思考。在兩岸逐漸形成的依賴關係中，如果政府未具此種企圖心，以及冷靜的思考，則臺商及臺資在大陸的發展終將只是一盤散沙。但反過來說，如果能將之組織起來，成爲有發言權及影響力的民間組織，則未始不能發揮作用。而此種作用對大陸人民的經濟改善、政治改革也將是有利的，且反過來可確保臺灣。

在當前的大陸政策中，一直缺少立足大陸的雄心壯圖，但照目前走向倚賴結構的兩岸關係來看，則立足大陸終究是臺灣前途的必經之路。

之三／何不提出「聯邦制」？

「我不知道爲什麼臺灣的大陸政策以自保爲主？而無法發揮主動的攻勢。」一位大陸的知識分子如是說：「在中共的高度中央集權統治下，地方與中央之間長期存有衝突，在東南區域經濟發展後，地方間的矛盾及要求自治的呼聲將日高，但我們一直沒有出口去談地方自治或『聯邦制』，香港一貫缺乏政治發展，亦不可能與中共對談，如今唯一有可能發出聲音的是臺灣，但臺灣卻只求自保，根本無法發揮改變大陸形勢的作用。設若臺灣提出『聯邦制』，突破目前一國兩制或一國兩府的格局，在一些都市或邊疆地區可獲得很多支持，或許，臺灣在大陸的影響力會強大到一定程度，也未可知。可惜的是，臺灣對大陸了解太少，對人民的了解更少。」

這位熟知兩岸情勢的知識分子的談話，提出一個前所未有的想像空間。卽中共在大陸的統治基礎已日漸鬆動的此刻，臺灣能夠扮演什麼角色？臺灣在現代史的發展中，除了前所未見的經濟奇蹟之外，在政治上可不可能扮演起夠份量的、舉足輕重的角色呢？

這位知識分子並舉八九民運爲例指出，事實上學生並沒有什麼力量，但因了解大陸人民的願望與需要，所以卽使面對中共中央領導人亦毫無懼色，臺灣爲什麼不敢要求在電視現場轉播的條件下進行面對面談判，和中共談中國到底該走向一國兩制還是聯邦制呢？如果臺灣能成爲推動歷史進步的力量，則人民的支持只會加大，不會減少。「幾十個學生推動起來就有八九民運，更何況是臺灣？」

問題是政府對大陸了解太少，對中共了解太淺，以致於四十年如一日以同樣的兩極化觀點來看待，若非中共卽爲反中共。八九民運中政府始則認爲民運洶湧是人民追求自由的浪潮，繼之在鎭壓後，又懼於坦克的暴力，連制裁手段都不談。中共被視爲一個強大、完整、兇悍的對手恰恰是長期「反共與恐共」交替作用的結果，它阻礙人們對中共分析的、批判的、理性的認知，進而擺盪在恐懼與盲動之間，失卻冷靜對應的能力。

大陸本身的知識分子卽不認爲中共是完整、強大的權力集團，內部的權力鬥爭不僅存在，且中共改革步伐與社會期待之間的差距亦在擴大之中。「如果中共權力如此完整、牢靠，怎麼可能有八九民運、趙紫陽這些人呢？」一位大陸知識分子如是說：「臺灣把中共劃而爲一是一種誤解。」

即使以中共對臺政策而論，亦存在兩種想法、兩種論調：「主觀統一派」與「客觀統一派」。

「主觀統一派」的立論基礎由歷史、血緣、民族情感、文化認同出發，認爲兩岸在主觀因素下應可走向統一，而相輔的手段卽是「武力犯臺恫嚇論」。此派說法鮮少援引現實客觀之發展，而大多引用古詩詞如「本是同根生、相煎何太急」或「相逢一笑泯恩仇」。其主要代表人物大多爲中共元老級人物，本身卽充滿國共鬥爭經驗，意識中仍是「天下英雄惟使君與操耳」，只要「國共和談」、「黨對黨談判」卽足以解決兩岸問題。但現實的發展恰恰與這種想法背道而馳。臺灣的民主化發展使國民黨在臺灣民眾面前公開表示「無權代表人民去談判」，以澄清「出賣臺灣」的外界疑慮，這個答覆無異讓黨對黨談判關上大門。而今年正副總統選舉中，楊尚昆透過新華社發出的「權威人士講話」更是支持退步力量的一大敗筆。因此，總的來說，這一派的聲音的日漸消失，但因其高據決策上層，諸如「黨對黨談判」等尚未被否定，但已是將來可預見的事。

「客觀統一派」的立論基礎則以海峽兩岸的經貿投資、人員往來、各種交流等爲出發點，認同經由交往及緊密連結的關係，即可消弭分離主義，而只要分離主義不膨脹，兩岸可以有足夠的耐性去等待社會發展逐漸融合，待到融合情勢已成，再來談如何統一、以何種制度來統一、兩岸應維持何種政治形式等等，都爲時不遲。客觀統一派的立論者認爲，兩岸統一的基礎應在客觀現實而非強加的主觀願望，過度強迫的願望反將升高分離主義，因而如何改變大陸本身之社會發展水平，提升生活條件，塑造吸引臺人的大陸，是其基礎，而對兩岸之統一，這一立論者反而不急躁，認爲只要營造足夠的客觀條件，兩岸才會在符合人民的願望下開始談統一問題。持此論調者較爲年輕，並對大陸本身之改革懷有較大期望者，年齡約在五十至三十歲之間。他們大多在文革的狂熱教條中飽經滄桑，有些人甚至曾在農村勞改種地、牧馬放羊。是以這一代年齡層的人較爲務實，亦沒有國共鬥爭、兩雄對峙的經驗，未來必將成爲主導力量。這樣的一代人才是臺灣未來眞正的對手，實不可輕忽。只不過由於這一派意見因尚未踏入上層，無法成爲最終決策力量，但作爲接班的情勢在未來十年必將成形。

假使我們把眼光放遠十年，讓海峽兩岸關係中的關鍵問題如：主權問題、制度問題等放在十年後解決，屆時新一代的中共領導人未始不可能出現戈巴契夫式的人物。而更重要的是世界潮流已然推動，在歐、蘇聯之後，連中共門口的外蒙也進行首度自由選舉，如果外蒙情勢大變，中共能無動於衷嗎？而戈巴契夫式的地方自治色彩濃厚的放權做法難道不會在大陸產生連鎖效應嗎？這種種國際變局在衝擊中國大陸，改變其內政，也在改變海峽兩岸的關係。

在國際關係中，外交常非僅及一面，或僅在一邊下賭注，今天，與沙烏地阿拉伯斷交只是一個啟示，它表明臺灣若無法在大陸的政治生態中尋找到支持點，將會困難重重。而在大陸，要在新的一代中尋找到務實的支持點並非不可能的事。

問題的關鍵仍在我們自身是否有足夠縝密的思考與計畫去對應，祛除恐共懼共心態，分析地進行以大陸的全局發展為思考的大陸政策，看到其中的發展與問題，並且有步驟地進行新的大陸政策。想像力是必要的：假設十年後再談兩岸的主權問題，新一代的人還會拘執在黨對黨談判或一國兩制、一國兩府嗎？即使主觀願望如此，屆時的客觀情勢也很難允許了。臺灣在變，大陸也在變，誰能掌握變局才能主導歷史潮流，大陸政策也該變了！

——一九九〇年七月

◈兩岸風雲四十年

之一／從金門炮戰到金門會談

沒有一個島嶼像金門這樣，具有象徵著海峽兩岸四十餘年關係的重要性：

・一九五四年底至五五年初，中共炮打金門，並攻佔一江山及大陳島。

・一九五八年八月二十三日，中共展開對金門、馬祖的大量炮轟，八二三炮戰爆發。

・一九九〇年九月，兩岸紅十字會代表首度在金門會談，對遣返問題達成協議，由於兩岸紅十字會雖宣稱是民間組織，但無可置疑的，雙方都經過最高當局的同意，金門會談是海峽兩岸戴著民間的「面具」進行兩岸開放後，爲衍生之問題而進行「實質官方」接觸的歷史性開端。無論海峽兩岸官方承認與否，這次會談是「低調但高層」的接觸。

金門，這個用望遠鏡可以望見大陸生活與建築的島嶼因而具備著重要的象徵性意義，顯示出兩岸關係四十餘年來的重大變化。一位參與中共對臺事務的高層官員指出，一九五八年，毛澤東決定不再連日炮轟金門，而改爲隔日炮轟，是爲了與國民黨聯手抵抗美國的干預中國事務，以至於寧可不攻佔金門馬祖，而今，誰也沒有料到，金門會成爲海峽兩岸簽署遣返協議，馬祖會成爲遣返的重要轉口站。

這一段歷史鮮明地標誌著兩岸關係的幾個歷史時期，回顧這段歷史過程，將有助於我們重新理解兩岸關係的當前發展形勢。大體而言，海峽兩岸關係可分爲四個歷史階段；軍事對抗階段，政治對抗階段，逐漸緩和階段，及民間交流階段。

(一)軍事對抗階段（一九四九年至一九五八年）

一九四九年至五〇年代末期爲激烈對抗階段，國共雙方都想趁對方立足未穩之際，消滅對方。四九年底，中共還發佈把「解放臺灣」列爲目標的〈告前線將士和全國同胞書〉，而五〇年六月，韓戰爆發時，國府當局更發表「一年準備，兩年反攻，三年掃蕩，五年成功」的反攻目標。五二年十月，國民黨召開第七次代表大會更通過「反攻大陸」決議案。事實上，國府當局確未放棄軍事反攻之目標，僅一九五〇年前八個月卽派出大量飛機轟炸上海、南京、廣州、福州等地，並派遣大量敵後工作人員赴大陸進行活動。

分期	軍事對抗階段（1949～1958）	政治對抗階段（1958～1978）	逐漸緩和階段（1979～1987）	民間交流階段（1987～今）
臺灣	・國府遷臺，經濟崩潰。 ・派遣飛機轟炸大陸城市，派敵後工作人員赴大陸。 ・五〇年六月派李次白爲密使赴大陸談「國共合作」。 ・五〇年六月韓戰爆發。 ・五八年杜勒斯訪臺。	・「反攻大陸」之政策改爲「光復大陸」。 ・六二年派小部分敵後工作人員赴大陸。 ・七一年退出聯合國。 ・七二年蔣經國就任行政院長，「革新保臺」政策成形。	・七九年中美斷交。 ・「光復大陸」改爲「以三民主義統一中國」。 ・三不政策提出。 ・部分商人及民間偷赴大陸探親及交易。	・八七年十一月二日開放民眾赴大陸探親。 ・旅遊及觀光人口隨之興起。 ・兩岸貿易及投資增加。 ・九〇年九月兩岸紅十字會金門簽署遣返協議書。
大陸	・五四年底炮轟金門。 ・五五年攻據大陳島一江山。 ・五八年發動八二三炮戰。 ・因美國擬放棄金門、馬祖不爲蔣介石同意，中共改爲隔日炮轟，不擬取金門。	・五七年反右運動開始。 ・大躍進政策造成巨大損失，人民公社政策失敗，導致「三年困難時期」。 ・六六年發生「文革」，隨後之十年陷入動亂。 ・文革中提出「一定要解救臺灣」，但僅止於口號。	・中共「全國人大常委」七九年元旦，發表〈告臺灣同胞書〉。 ・葉劍英九條於八一年發表。 ・廖承志致函蔣經國。 ・鄧小平公開談「一國兩制」。 ・中共仍談國共第三次合作。	・八七年中共國務院緊急成立「臺灣事務辦公室」。 ・各省市亦設立「臺辦」以接待臺胞。 ・大陸人士赴臺探親。 ・仍頻頻要求「三通」。

然而韓戰是歷史轉折的關鍵。國府在臺立足未穩，而臺灣經濟呈現通貨惡性膨脹，瀕臨崩潰之際，曾於五〇年六月一日派李次白爲密使赴大陸「洽商國共再次合作」事宜。但該年六月二十五日，韓戰爆發，美國原本對臺灣撒手不管的態度一轉而爲積極扶助，第七艦隊協防臺灣，美國在南韓及臺灣的反共圍堵線於焉形成，臺灣因而發生轉折，國共合作之議不復提起，對抗局勢成形。

一方面是國府不斷派出敵後工作人員赴大陸進行政治、軍事活動，一方面則是中共在一九五四年發動炮擊金門及一九五八年的八二三炮戰。中共發動八二三炮戰的原因，據毛澤東親筆寫的〈中共國防部告臺灣同胞書〉中所言，是「懲罰性炮轟」，然而在「萬炮齊發」下，國軍受到嚴重損傷，但仍英勇抵抗。中共原本有意藉此機會攻佔金門、馬祖，但此時美國挿手要求國府放棄金門、馬祖，改而只固守臺灣，但不爲蔣中正所允而發生摩擦，美國之意是放棄金馬，則臺灣可減少與大陸之聯繫，進而獨立於中國之外。但中共恰恰懼怕這一點，遂在一九五八年十月二十五日下達「逢單日打，逢雙日不打」的命令，以便金門、馬祖有機會進行補給，同時給國府以喘息機會。中共的計畫卽是以此避免「美國托管臺灣」，這些都是公開的「陽謀」，毛澤東以中共國防部發表的文件中甚至明言：仍以不引進美國人護航爲條件。但此一階段在一九五八年十月，美國國務卿杜勒斯訪臺與蔣中正總統會談並發表

「聯合公報」，國府雖未明言放棄使用武力，但將「反攻大陸」之口號改變爲「光復大陸」及「三分軍事，七分政治，三分敵前，七分敵後」，並開始執行「建設三民主義模範省」的計畫。

此一階段的特點主要在於：美國力量的介入插手，中共將武力作爲解決臺灣問題，避免美國托管獨立之手段，以及臺灣局勢因「土地改革」之成功而獲得初步穩定。其影響深遠以迄於今，即中共不放棄武力的重點仍在美國，只是中共當前不便像當年毛澤東公開向美國罵陣，而改爲較模糊的「帝國主義勢力」而已。

(二)政治對抗階段（一九五八年至一九七九年）

兩岸關係在此一時期因臺灣發表的「光復大陸」而有所緩和，國府當局已確立將重返大陸視爲長遠目標，而把建設臺灣作爲重點。一九七一年退出聯合國是一個重大轉折點，而七二年蔣經國出任行政院長更大力推行「革新保臺」的政策。建設臺灣既成爲首要目標，對大陸的軍事行動亦逐漸減少，雙方除炮擊之外，僅一九六二年中共因搞大躍進而發生大飢荒的「三年困難」時期，曾派遣武裝敵後人員潛赴大陸，此外幾無軍事行動。其後文革十年期間，亦未有任何軍事行動。

然而，文革十年卻是大陸的舊國民黨人士、臺屬、臺胞最爲慘烈的年代，他們大多被劃爲牛鬼蛇神，遭受嚴重迫害。這段時期，中共爲內政之紊亂與傾軋所苦，建設全告停頓，甚至連中共對臺政策的研究資料亦差一點被紅衛兵沒收焚毀。據了解內情人士指出，當年搞對臺工作的人幾乎都受迫害，最後還是周恩來出面才保住一些資料，否則中共之對臺歷史資料亦將毀於一旦。恰恰是這二十年期間，臺灣有了喘息及全力發展的歷史時機，進行經濟發展，兩岸生活水平，經濟發展差距為之拉大。文革期間，紅衛兵一度把「一定要解救臺灣」作為口號，但因內鬥，終究止於口號，並無實際行動。

㈢逐漸緩和階段（一九七九年至一九八七年）

此一階段是兩岸關係開始緩和的時期。中共歷經文革十年內亂，幾無餘力再談「解放戰爭」，且亟需一段和平時期建設，遂於一九七九年元旦，以「全國人大常委會」發表「告臺灣同胞書」，採取「和平統一」攻勢。其後又有葉劍英發表的所謂「葉九條」，談和平統一政策，廖承志發表的「致蔣經國的公開信」，鄧小平論「一國兩制構想」等等。

而國民黨則提出「以三民主義統一中國」作為主要方針，並表明「和平統一確是中國人的共同願望」，但需要民主、平等、自由的基礎上才可能談及統一，並申明「三不政策」。然而，民間的貿易、交流卻在緩和的氣氛下暗中發展。逐步緩和的氣氛、老兵返鄉的訴求，以及臺灣內部臺獨聲浪的高漲等因素，促成海峽兩岸的開放探親，兩岸關係走向另一階段——交流。

四民間交流階段（一九八七年十一月迄今）

此一階段是以探親為始，但因探親而衍生為經濟、文化、貿易、觀光等等的交往。中共方面被開放流入的人潮所驚動，由中共國務院緊急成立「臺灣事務辦公室」，並為接待臺胞，在各主要省市設立臺灣事務辦公室之分支機構，有關臺灣研究亦相繼成立，社科院成立臺灣史研究所，厦門大學亦設立臺研所，此外為統合各地方及大學相率成立的臺灣政治、經濟、文化研究組織，而成立「臺灣史研究會」的民間組織，中共臺灣事務相關人員應接不暇於各種新興問題，兩岸開始進行間接性對話。而相應於此一變化，臺灣亦開始開放大陸人士來臺探親、訪問等雙方交流措施。

又由於大量人員往來而衍生的問題，兩岸官方不得不面對各種實際困難，而終於有為解決遣返而開的「金門會談」。戴著民間帽子的兩岸紅十字會，是在雙方「最高當局」的授權同意之下，始具備談判基礎。

「金門會談」當然只是一個開端，未來「海峽交流基金會」還會有更多類似的會談。從金門炮戰到金門會談是兩岸四十年關係的縮影，在這縮影中，中共、臺灣、美國曾在不同時期發生作用，未來仍是最主要的三個決定性力量。

之二／結束策反，開始和平競爭

中共「對臺工作會議」在中共內部早已討論甚久，即使討論內容亦早已定案。按中共內部的政治不成文規則來看；一項大型會議的召開絕非爲了討論政策或作出未定案的檢討，而是要透過會議之形式，傳達中央早已做好的決策或工作內容，一些決定要透過會議予以公開。

那麼，中共即將召開的四十年來最大規模的對臺工作會議又是什麼內容呢？依據筆者在北京採訪所悉，大體如下：

①中共內部人事案的發佈，即新任的中共國臺辦主任王兆國任命案的發佈。

②組織上的調整，最主要是中共黨中央的「對臺工作小組」的工作人員包括三十餘名工作人員將歸併到國務院臺灣事務辦公室，以補充原本人力不足的「國臺辦」。同時亦因中共中央對臺工作小組的主要工作在「策反」，目前兩岸開放交流，秘密性質的策反工作效果有限，且依臺灣民主化形勢，策反國民黨人士作用不大，在功能萎縮，而工作人員又必須秘密化而使之作爲有限的情況下，不如將之歸併到國務院臺辦。如此人員即可公開接待及活動。

當前中共對臺政策之總體佈局

指導思想	・依鄧小平指示：搞好內政增強對臺灣之吸引力及向心力。	・對臺政策轉變爲三大重點，①搞好內政使向心力增加，②做好臺胞服務及感情拉攏，③搞好海外宣傳工作。
人事調整	・任命王兆國爲「國臺辦」主任	・王兆國將利用福建人脈，做更多公開亮相及政策說明。
組織調整	・中共中央對臺工作小組與「國臺辦」歸併。	・「策反」爲主的「中臺辦」宣告結束，取而代之是公開化、制度化的國臺辦，意味著對臺政策之大轉變。
政策變化	・由過去之「國共第三次合作」轉向「一個中心三大重點」，形成「以民促官，以壓促變」的「量變到質變」的總體政策。	・代表中共將以臺灣人民爲宣傳統戰重心，造成民間需求及影響，使兩岸在經濟、文化、社會各方面難以分離，進而形成統一之壓力，達到變化之目標。
宣傳工作	・依照海外能接受的宣傳方式進行宣傳。	・對臺灣形成宣傳影響要以臺灣能接受之說法，但相對而言，臺灣也會影響大陸。
基層培訓	・地方「臺辦」人員逐批研習及培訓，講述新的政策及工作重點。	・補充以往「國臺辦」匆促成立時，人力素質不齊之毛病。

原有中共中央對臺工作小組的人員歸併到「國臺辦」後，主要高級幹部如楊尚昆、吳學謙、楊思德等人仍將任顧問，而眞正領導負責人仍爲楊尙昆。

③在對臺政策的原則上，則採取以一般民眾爲對象的統戰工作，即「一個中心、三大重點」中所提的增強大陸對臺灣的吸引力及向心力，避免獨立傾向，並透過經貿、人員往來、文化等交流，增強兩岸關係，進而發揮影響，促成統一。質言之，是因應臺灣民主化潮流，採取影響民眾「以民促官，以壓促變」，形成「由量變到質變」的發展趨勢。

④基於前述之政策、組織、人事之變化，中共亟需加強宣傳，故召開四十年來最大規模對臺工作會議，除傳達政策變化之外，另外是改變宣傳方式，即秉持「海外宣傳工作會議」之原則，採用臺胞能接受的語言及說法，讓海外人士接受中共之政策，而各地省市負責人及「臺辦」直接與臺胞接觸較多，故召集開會，以使工作範圍及宣傳方法加以明確化。

從人事、組織、政策、宣傳到執行方法的變革是中共召開「對臺工作會議」的最重要內容。然而，熟悉中共對臺政策者，乃至於中共內部的實際政策執行者都不得不承認，這是對臺政策的大變化。它意味著：從「策反」到「一鍋端」的對臺戰略已然結束，往後將是合法化、公開化、長期化發展階段的來臨。

回顧國共鬥爭歷史及海峽兩岸的國共關係，無人能否認這兩個黨存在著互相合作，互相矛盾、又時而默契十足、暗中溝通的特質，因而共產黨對國民黨內人士進行「策反」亦非始自今日，而是從國民黨「聯俄容共」的第一次國共合作就開始了，其後國共分裂，剿匪一段時期，又於一九三七年西安事變後二度合作，共同抗日，國共兩黨內部人士實質上有著扯不清又割不斷的關係。國民黨內元老廖仲愷之子廖承志在致蔣經國的公開信中稱：「南京匆匆一唔，瞬逾三十六載。幼時同袍，蘇京（指莫斯科）把晤，往事歷歷在目。」卽將國民黨內元老廖仲愷與蔣介石曾送子至莫斯科往事帶過。

卽使在是五〇年代，毛澤東高喊「一定要解放臺灣」及蔣介石高喊「一年準備，兩年反攻，三年掃蕩，五年成功」的年代，雙方亦不無私下往來。五〇年六月一日，臺北派李次白赴大陸談「國共第三次協商」，惟此議因韓戰爆發而告終。其後，一九五七年春，復派立委宋宜山赴大陸會晤中共領導人試探談判，但未果。

八二三炮戰後，美國曾要求國府當局自金馬撤軍，但不爲蔣介石所允，杜勒斯（當時美國務卿）與蔣激烈爭執，希望「劃峽而治」，而切斷屬福建省之金門、馬祖，則「臺灣地位未定論」卽可完成其理論及實質，對美國可減少麻煩，但蔣介石堅決不允，反而強調「我們決心不對任何壓力屈服，決心打到最後一人」，並派十萬軍隊赴金門大戰。共產黨則很有默契地先是「停止炮擊二星期」，隨後以「單日打炮、雙日不打」爲配合，讓國軍可獲補給。

一邊打，一邊又不取，從中共的做法來看並不矛盾。毛澤東對臺澎金馬並非不想攻佔，而是攻佔不下，又怕攻佔金馬割斷海峽紐帶，故而先採壓力，以避免臺灣獨立，而同時是準備對臺澎金馬採用「一鍋端」的政策，卽要就一舉全部打下來，但不要只取金門、馬祖。

「一鍋端」正是中共在一九七八年前的對臺戰略。而與之配合的則是以周恩來爲主所主持的中共中央「對臺工作領導小組」，進行對國民黨內的「策反」工作。一九五七年四月，毛周在會見外國訪客時還提出「國共還準備第三次合作」的建議，但並無結果。

文革期間，中共的對臺工作悉告停頓，對臺工作人員、臺屬、臺胞滯留大陸者受到「美蔣特務」等帽子的扭曲，遭遇嚴重迫害。中共對臺工作可謂全部解散，連資料都險遭焚毀。直到鄧小平復出後，才於一九七九年又恢復「對臺工作」，機構爲設在共產黨中央的「對臺工作領導小組」，但由於人員甚少，作用有限。主要工作則仍延續過往舊慣，透過國共兩黨的舊有人脈關係，進行「策反」工作。

省視主持對臺工作的幾個主要負責人員亦可見出此種用心，周恩來、葉劍英、鄧穎超、廖承志、楊思德等，莫不與國民黨有著千絲萬縷的關係，所謂「促成國共第三次合作」的口號與說法反覆被提出，可以說，中共的眼中只有國民黨而未曾出現過臺灣人民。

卽使是一九七九年後，開始改口談「和平統一」時，仍未將臺灣人民的意願做爲首要考慮。廖承志致蔣經國公開信中所謂「渡盡劫波兄弟在，相逢一笑泯恩仇」卽是國共兩黨恩怨情仇的具體表現。卽如最近楊尙昆在接受《中國時報》訪問中依舊表明：希望由熟悉這段歷史的老一代人來解決這個問題，所以很有緊迫感。

這情況要在臺灣民主化逐步落實後才能加以改變。一九八七年開放探親及其隨後衍生的觀光、貿易、投資熱潮使中共面對一百七十萬人次的人員往來，這百萬人潮給中共的衝擊是：爲什麼同樣是中國人臺灣能富裕起來大陸卻不能。而更爲深層的思考則是：臺灣的人民要怎樣才會願意跟中國大陸統一？統一後會不會使臺灣也化爲一樣的貧困？

再其次，蔣經國的去世亦給予中共強烈影響，繼之而起的李登輝是中共從未打過交道的臺籍人士，在中共淺薄的臺灣認知中，臺籍卽可能搞臺獨，這樣的國民黨是不會同中共進行「第三次國共合作」的，因而在總統選舉中，中共發表「權威人士講話」，企圖影響政局，但恰是「表錯情、幫倒忙」。隨後在中共提出「黨對黨談判」的訴求時，臺灣執政當局在報上公開表明：「不會出賣臺灣，國民黨無法代表全部民意」以爲回應，如此，中共的「國共合作」之夢遂告破滅。

國共合作既不可期，則唯有訴諸長期的、順應臺灣民主化潮流的全面性策略了，那就是「一個中心、三大重點」的政策根源。而中共對臺工作人員組織的歸併亦是此一指導原則下的產物。

原本中共黨中央對臺工作小組的工作是秘密的、策反的、私下的工作，故工作人員、工作內容及相關政策不公開。但因八七年的開放探親，中共匆促在國務院成立臺灣事務辦公室，其後又因探親者散置各省市，只得臨時招兵買馬，籌設各地臺辦。中共國務院臺辦及各地臺辦可謂是爲因應臺灣的開放而不得不成立的公開機構，然而洶湧而來的臺胞卻使中共「國臺辦」應接不暇。「國臺辦」的重要性因其能公開面對臺人及媒體作反應及政策說明而增加，但相對而言，秘密化的中共黨內對臺工作小組功能則因無法公開而漸漸萎縮。加之未來的對臺工作將朝向公開化、合法化、長期化發展，唯有走上歸併一途。

中共「兩辦」的合併並不意味著「策反」工作的全部結束，但至少是對臺灣情勢變化的一種回應。更明確的說：兩辦的合併是中共對臺政策由「策反」、「國共第三次合作」的以國民黨爲中心的思想，轉向「由量變到質變」的以臺灣人民爲中心的思想。此一指導思想又演化爲：搞好大陸內政使有向心力及做好臺胞之服務、宣傳工作。

從前述之組織、人事、政策、宣傳、培訓各方面來看，中共下一階段的對臺政策已趨於穩定，即使中共口中宣稱有急迫感，但也明知急不得，往後就只能進行長期規劃，朝向制度性設計及常態化發展。

中共對臺政策的規劃輪廓及架構既已浮現，則我們實在無需老是拿「武力犯臺」來嚇唬自己，或者見到中共一有動靜就慌亂。以平靜之心，解決交流中的實際問題，以民意能監督爲條件，看好大陸委員會及海峽交流基金會，或許才是我們當前能做好的事。兩岸在組織上已各有調整，在制度設計上亦有漸進的共同認知，則未來的和平競爭大趨勢已告形成，在「統一」的前提下，兩岸各自「搞好自己內政」，進而對雙方形成「量變到質變」的過程，仍爲無可逆轉的潮流。

之三／武力犯臺，中共備而未用

這是無數人問過的話，也是中共領導人或中共國務院臺辦人員必須重覆面對的問題：「中共爲何不宣佈放棄武力犯臺？」從臺灣到北京拜訪、會面、訪問、旅遊的每一個人都會在同文同種的同胞之間問同樣的話，上自立委，下至尋常百姓，不分統派、獨派、商業派，都在問，有人甚至更露骨的說：中共何時放棄武力犯臺？

要解答及分析這項問題的關鍵，或許應該用反面思考方法：中共如果放棄武力犯臺，你會相信嗎？中共明明有長程飛彈可以從新疆射到臺灣，中共明明有百萬大軍，中共明明可以發射衛星去勘查臺灣地形，中共明明有足够武器，這樣強大的武力擺在臺灣旁邊，一如一個全副武裝的人站在你身邊說：「我不會武力侵犯你」，誰能眞的相信？就算相信了又眞能安心嗎？

再用另一個反面思考來看，中共的武力既已配備全身，動不動武力，並非繫於武器的存在與否，而是大腦要不要指揮，因而武力是「備而不用」或「未用」，即使承諾不動用武力犯臺，但在中國不穩定的政治局勢下，誰能作出保證？卽使是鄧小平出面，臺灣就眞能安心嗎？如果鄧小平的保證算數，且具備「永久效果」，向香港保證五十年不變的諾言應是有效的，但爲何一傳出鄧小平死亡謠言，港臺股市就會滑落呢？事實很明顯，人治社會的中國式保證有其侷限性，就算中共宣告放棄武力犯臺，與沒有宣告表面上差別雖然很大，但實質效果卻可能差別不大。疑慮與顧忌並不因此全部消除。那麼，要求中共放棄武力犯臺又有什麼意義呢？

眞正面對「武力犯臺」的態度還是必須由中共不放棄的原因、武力的功用何在以及中共所欲達致之目的爲何著手。而中共爲何會動武、可能性多大、臺海兩岸關係中動武的利弊得失、及其大陸經濟佈局中動武會帶來多少損失，如何才能免於動武，也是臺灣在估量時不能不慮及的因素。

中共既然一再宣稱「和平統一」，則「不放棄武力犯臺」豈非與該原則相違背嗎？這一點是臺人最不能理解之事。但是，從中共的「辯證法」邏輯來看，卻一點也不矛盾，而是作爲相輔相成的手段。這一點在中共「解放軍總政治部聯絡部」所編的「臺灣現狀與統一問題」中，有極爲清楚的表明。原文中對不放棄武力的三點理由分別如下：

第一，目前臺灣有一定軍事實力，並且還在購買大量外國武器，如果承諾不使用武力，會使『分裂割據』狀態延伸，臺灣當局更有恃無恐，更加拒和到底，相反如果保持一定壓力，會加快和平統一進程。（按：即「以壓促和」的策略）

第二，如果引狼入室讓外國人直接侵佔臺灣或臺灣出現了獨立怎麼辦？所以不能把話說絕，自縛手腳，留下無窮後患，這與主張『和平統一』的目標不矛盾，而是在任何情況下更加主動自如。（按：即「防堵帝國主義勢力」之策略）

第三，有利於制約臺獨思潮的發展。國民黨經常拿中共來嚇唬臺獨份子，說你們不要鬧得太厲害了，鬧得太厲害中共要動武，臺灣當局經常說？在以下幾種情況下中共要出兵臺灣：①搞臺獨，②島內大亂，局勢控制不了，③臺灣聯合蘇聯反華。可見能對反對分裂發生作用。（按：即「防止臺獨」之策略）

以上引自解放軍總政治部主編的觀點，足够代表中共對武力犯臺的態度。換言之，它是維持「和平統一」政策所使用的一種策略、一種壓力、一種心理的鎮懾力量，從心理上就隔絕了獨立之路，發揮制約作用。在堵住臺獨之路後，中共就可以放心地讓「和平統一」論調無限期延伸都無所謂，從一九七九年中共人大常委會在元旦發表〈告臺灣同胞書〉，呼籲「和平統一」，以迄於一九八七年臺灣開放赴大陸探親，這中間中共的口號作用事實上遠遠低於老兵對政府所帶來的壓力，以及臺灣社會內部的經濟結構需求。因而，中共的「武力」與「和平」是其達致「統一」目的的兩面，一推一拉，使其保持主動權。這一點是臺灣不能不清楚。

中共國家主席楊尚昆在接受《中國時報》專訪時曾說：「自己同胞不打自己同胞。」中共總書記江澤民亦曾說：「武力不是對臺灣同胞，而是對帝國主義勢力。」其它中共領導人也說過同樣的話。但何謂「帝國主義勢力」？更其明白的說就是美國。

中共的觀點中認為，臺灣獨立是無法由臺灣本身單獨建立主權外交關係而獲致，即以經濟倚賴關係而論，除非獲得美國的支持，經濟上才能維持穩定，因而獨立之路最有可能是獲得美國支持。中共一再聲稱「不許帝國主義勢力介入」也正是要說給美國聽的，而如果切斷美、日支持，臺獨卽無路可走。

準此以觀，中共的「不放棄武力犯臺」作用仍在二種層面，一層是造成臺獨心理制約作用，一層是對美國進行宣告。而從中共地理防衛的觀點看，亦無法容忍美國將臺灣納入其勢力範圍，而進行武力部署，如此大陸東南沿海防衛豈不出了大漏洞？而這二者在未統一之前都可能存在，此時要求中共承諾不使用武力，未免「太不現實」了。

從不承諾放棄武力的原因、功能與目的來分析，則中共之底線已昭然若揭。鄧小平的態度極具代表性：「祖國不統一，臺灣地位不穩定，不知哪一天被人拿走了！」就是這「被人拿走」的疑慮，使中共不可能「把話說絕」地作出承諾。

那麼，在中共不承諾的條件下，我們又該如何看待武力及其可能性呢？此事仍應由中共之內部條件來進行分析。

依中共之經濟佈局來看，東南沿海的特區及開放城市以面向國際的姿態進行開放改革措施，福建省集中了大量閩人僑資及臺資，廣東省集中了港澳資本，上海一帶正進行浦東開發計畫，膠州半島一帶則吸引大量日資，目前亦正積極進行集資活動。中共當前最需要的並不是國強勢盛的形象，而是資本。尤其六四事件使許多外資停止或撤銷投資計畫，大陸經濟呈現前所未有的衰退局面，經濟改革遭逢巨大困境，中共最迫切的需要是一般和平的發展時期，使其改變困境。

再從武力來看，僅僅坦克、機槍開入天安門廣場的形象，就讓外資停止，至今無法恢復，更何況東南沿海如果發生戰事，東南沿海開放城市所辛辛苦苦建立的成果必將毀於一且，中共使用武力的代價將不僅毀滅臺灣，亦必遭受巨大損傷，後果是「玉石俱焚」，中共除非非理性到非戰不足以解決內部矛盾，否則不可能採用此一方式處理。

一位曾在厦門大學臺灣史研究所工作過的中共官員坦白指出：「當前的福建建設狀況是十幾年前所無法想見的。當年爲炮戰及戰爭準備，各種建設都採軍事化管制，連電力設施也嚴格限制，以避免被飛機大炮轟炸，今天的建設事實上就是一種宣告，一種政策變化的證據，即動武爲不可能之事。但中共不能把話說絕。」

另一位中共官員更乾脆明言：「早年美國有意『劃峽而治』，要國民黨放棄金馬地區，但被毛澤東及蔣介石阻止。如今所謂『帝國主義勢力』指的就是美國，但不能明言。依美國政策及勢力來看，已不可能支持臺獨去大賭特賭，所以中共確實想明言：『若無帝國主義干預即放棄武力』，但一時尚難改變。」

若再由前述之中共對臺政策的當前佈局及兩岸當前經貿關係、人員往來狀況來看，中共貿然動武的可能性已降至極低點。

對臺灣而言，重要的是對身邊一個強大軍事力量保持警戒，避免走向最壞之結局，如此而已。而如果仍用「武力犯臺」作爲阻礙憲政改革、經濟改革之藉口，則就是明明白白的「自我恫嚇」，這種恫嚇除了便宜了中共，讓它不勞而獲，坐收我們自亂陣腳的漁利之外，頂多是讓軍費更加擴張而阻礙我們的民主改革及公共建設投資，而民主改革及公共建設的落後所導致的政治經濟不利因素，又反過來便宜了中共。

中共「不放棄武力」的心理作用、功能既已明白，而中共動用武力之可能性亦已有所預估，則我方之對策亦甚清楚，不能無視其「備而未用」的武力存在事實而必得有所準備，但亦不能只有看見武力而延緩憲政改革及經濟建設，要言之，加速民主改革仍是最主要的關鍵，也是與中共競爭的最重要力量。

之四／民主化是轉變的關鍵力量

沒有一個民族像中國人這樣嗜玩名詞遊戲，把國家與制度翻來倒去，弄出無窮無盡的把戲來。

「一國兩制」「一國兩府」「一國兩地區」「兩國兩府」「兩國三府」「一國三制」（指臺灣、香港、大陸三種制度）……。但究其內容爲何卻分不清楚，甚至是重複但不同層次的同一概念，例如「一國兩地區」就與「一國兩制」並無不同，因爲在中共設計中，本就把臺灣視爲實行不同社會制度的「高度自治區」，所以郝柏村提出的「一國兩地區」是一種低層次的提法。

然而，至爲重要的是：這些制度與國家概念的提出，並未經人民的同意。質言之，「一國兩制」也罷，「一國兩府」也罷，「兩國兩府」也罷，都是未經人民選擇過的制度性設計。其弊病在違反民主潮流。更爲痲煩的是，由於各種體制皆未經民間充分討論，這些名目仍舊是威權主義下的產物，由強人進行制度性設計，以權力強行推銷，以達到被接受爲目的：而絲毫未考慮到民間能接受的程度，以及應以民意之決定爲主體。

卽使以臺灣而論亦然，在設計兩岸制度時亦未將臺灣人民及大陸人民的接受程度及其可變性作爲考慮之主體，以至於一些制度口號的提出缺乏對大陸民眾的號召與前瞻性，失去對大陸的主動權。較爲民主化的臺灣猶且如此，更遑論一向不民主的大陸了。大陸提出「一國兩制」是一個未經港、澳、臺人民充分討論的設計。它在香港可實行的原因並非是港人同意，而是中共政府與英國政府談判之結果。不民主的殖民地香港能如此做，但在臺灣卻行不通。原因甚爲明白，無論是一國兩制，甚至五制、六制都不是關鍵，卽便是一國一制（都搞資本主義或社會主義）亦無所謂，重要的是臺灣人民的充分討論與決定爲前提。

政府在反對中共的「一國兩制」時並未將臺灣的此一民主化前提列入，以至於徒托各種形式口號，與中共進行浪費筆墨的口舌之爭，殊不值得。再其次，中共提出「一國兩制」的理論與實質，以及其未來影響亦未經民間充分研究。在缺乏研究之前提下，連反對「一國兩制」亦顯得非常薄弱無力。質言之，卽使要提出幾國幾制的設計亦應以對中共「一國兩制」之研究爲前提。

中共「一國兩制」的設計面對的主要難題存在其理論自身。卽如果依照社會主義概念，社會主義又應是社會發展中的最高階段，是資本主義高度成熟後的產物，社會主義之目標卽在消滅資本主義的剝削，則中共要如何解決這個一國之內，容許資本主義存在的現實及理論上的困境呢？所使用的理論依舊是由「社會主義初級階段論」出發的；「大陸的社會主義脫胎於半封建、半殖民地社會，其生產力水平遠遠落後於發達的資本主義國家。需要在初級階段實現其它國家在資本主義條件下完成的工業化和現代化。因而允許資本主義的港澳臺地區，在社會主義大陸之旁存在和發展，就有其客觀必然性。」而「一國兩制」之提出則是：「經濟互補關係和國共合作的歷史經驗，敦促兩種不同社會制度的兼容性成爲現實。」（以上文引自中共社科院，臺研所）

事實上，爲了解決資本主義與社會主義爲和平相容的構想，中共的理論家們還得自馬克思、列寧的原文中去找依據。但這些依據無非是依照社會主義初級階段論的概念而來。反而是鄧小平在一九八四年會見柴契爾夫人談「一國兩制」時，更爲清楚，且少掉些書腦袋。

鄧說：「一國兩制構想的提出還不是從香港問題開始的，是從臺灣問題開始的。一九八一年國慶前夕，葉劍英委員長發表的九條聲明，雖然沒有概括為『一國兩制』，但實際上就是這個意思，兩年前香港問題提出來了，我們就提出『一國兩制』。」

葉劍英針對臺灣所提出之九條聲明各界已耳熟能詳，但由於它牽涉到當前之形勢及臺灣之前途，仍應加以引述：

①為了儘早結束中華民族陷於分裂的不幸局面，我們建議舉行中國共產黨和中國國民黨的兩黨對等談判，實行第三次合作，共同完成祖國統一大業。雙方可先派人接觸，充分交換意見。

②海峽兩岸各族人民迫切希望互通音訊、親人團聚、開展貿易、增進了解。我們建議雙方共同為通商、通郵、通航、探親、旅遊以及開展學術、文化、體育交流提供方便，達成有關協議。

③國家實現統一後，臺灣可做為特別行政區，享有高度的自治權，並可保留軍隊。中央政府不干預臺灣地方事務。

④臺灣現行社會、經濟制度不變，生活方式不變，同外國的經濟、文化關係不變。私人財產、房屋、土地、企業所有權、合法繼承權和外國投資不受侵犯。

⑤臺灣當局和各界代表人士，可擔任全國性政治機構的領導職務，參與國家管理。

⑥臺灣地方財政遇有困難時，可由中央政府酌情補助。

⑦臺灣各族人民、各界人士願回祖國大陸定居者，保證妥善安排，不受歧視，來去自由。

⑧歡迎臺灣工商界人士回祖國大陸投資，興辦各種經濟事業，保證其合法權益和利潤。

⑨祖國統一，人人有責。我們熱誠歡迎臺灣各族人民、各界人士、民眾團體通過各種渠道、各種方式提供建議，共商國是。」

葉劍英這九條聲明，涵括了當前兩岸關係中，中共的主要政策原則及實際事務。舉例言：國共合作與黨對黨談判，三通四流，臺灣作爲特別行政區，臺灣同外國的經濟、文化關係不變但外交主權歸中共所有，讓出名額給臺灣代表參與政權，人員往來來去自由，歡迎臺胞投資，與各黨各派共商國是等等。幾乎是當前中共領導人說過的話或政策性宣告都可在葉九條中找到根據。而所謂「一國兩制」亦卽由這九條延伸總結而來。

然而這一構想的最大問題是：只考慮到臺灣當局——國民黨，因而一切構想均是自此延伸爲「國共第三次合作」、「黨對黨談判」，而令在野反對派人士相當不滿，認爲國共兩黨仍存有「黨卽天下」的概念。此一概念又演化爲中共的許多談話是：「寄希望於臺灣當局」。

從這一觀點延伸而出，中共的政策設計中根本未將臺灣的民主化潮流納入考慮。因而在李登輝總統就職、開放黨禁報禁等變化後，中共的對臺政策顯然呈現「反應失靈」狀態。仍舊彈著「國共合作」及「黨對黨談判」的中共決策當局有過幾次言論及政策失當，而招致各界批評。

此種情況直到最近才改變口徑，將「寄希望於臺灣當局」改爲「更寄希望於臺灣人民」。而臺灣人民之強調意味著「與各黨各派共商國是」的加強，以及將其對臺政策的工作方向進行大調整，即「以民圍官」之策略，即「量變到質變」，透過影響民眾來影響政府決策。

但民眾卻是一個無法估量的人心的向背，中共要進行「量變到質變」的最大困難是：以一個集權中心向民主化社會進行「行銷」，但因其社會文化無此「行銷文化」，故要「行銷一國兩制」短期之內仍有困難。且無論是「一國幾制」，它獲得民心的同意需要更長更多的「說服」時間，若「說服」不了而引起反彈，則統一更難有時間表。而如果兩岸的生活、經濟水平無法逐步拉近，要進行東西德式的「眞正統一」仍有困難，頂多是進行更多實際事務問題（如遣返、投資保障、旅行安全保險等）的談判，要進入政治性談判還會有很長的時間。因而「一國兩制」也罷，「黨對黨談判」也罷，在臺灣的民主化條件下，未來將可能有所改變。而生存於臺灣的人們在此時或將發覺，民主化終究是最後的保證，也是改變兩岸關係的關鍵性力量。

之五／交流到融合，路途猶遠

一部在臺灣名不見經傳的電影「媽媽，再愛我一次」竟奇蹟似地轟動大陸，成爲九〇年代秋冬的議論主題，許多大陸民眾哭紅了眼眶。「城南舊事」導演陳懷愷的評語是：藝術水準低下，但其中只談親情人倫不談政治，與大陸政治、主題掛帥的電影恰恰相反。「我們這個社會太缺乏人情，平時想表達也互相猜忌，看這部片子剛好獲得情感的宣洩，哭一場也是一種心靈的洗淨作用。」

電影是一個例子，從電視劇、通俗小說、散文到流行歌曲，臺灣的通俗文化正以著小市民的特質，逐步浸透到經濟初初發展的大陸社會之中。中共之所謂「社會主義初級階段」原係要以資本主義的生產力去補充社會主義的不足，故而名之爲「商品經濟」，然而，這種體制的轉變所開放的特區、開放城市，甚至非開放城市中發展起來的經濟形式，竟而充滿「中國式的經商特徵」。

在成都個體攤販所集結的青年路一帶，路邊排滿臺北市士林、萬華一帶的路邊攤景觀。筆者在街道邊觀察其商品，強調的竟而是廣州、深圳的產品特色。黃昏之中，驀見一羣路中攤販抓起物品包裹滿街奔逃，彷彿追逐，隨後而來的是公安局的汽車。汽車行過後，這些逃避稅金與罰款的無照攤販又回復到街道上售賣。其情景幾與萬華、士林、羅斯福路無異。「中國式的經商特徵」——逃漏稅顯露無遺。

「社會主義初級階段」的概念因而不僅是顯現在經濟制度上而已，它是浸透著各式各樣多元商品模式的經商方法及市民獲取生活資料、消費方式的綜合體。它不再是中央計畫經濟所能全盤主控的。而市民的消費取向則意味著消費能力及價值觀。消費取向又決定了商品的生產（在不觸及禁忌的範圍內）。臺灣的各種通俗文化產品在大陸的流通卽意味著消費者的價值傾向的選擇，才會有人不斷生產流通。它甚至已浸透到筆者所曾踏及的西雙版納（傣族自治州）。這些事不能單純視之為消費，亦無需被擴大為「文化反攻」，但作為兩岸交流中的「文化相互浸染」卻是無可置疑的。

卽使是一向因居於「首都」地位的北京亦開始流行起「粵菜」。兩年前，北京有不少人不屑於香港文化的功利與小家子氣，但現在粵菜卻像一股風潮捲動大陸各主要城市，甚至衣著、日用品亦以強調「廣州來的」卽提高其價格，而若標榜「合資企業」則價格可提得更高。質料與價格是否相符是一回事，但這種消費傾向所代表的價值觀與選擇，在大陸民心如果深入下去，會是什麼意義呢？換言之，舶來品、中外合資、特區、開放城市、內地產品等已形成為消費的等級，它會變成體制的價值判斷的前兆嗎？

不該忘記的是，中國大陸的制度性設計規劃是這樣的：以香港、澳門、臺灣爲資本主義發展地區（即「一國兩制」區），以補充大陸生產力之落後，而港澳臺之資本又分別與特區形成聯繫（如港資之於廣東、臺資之於福建），特區則與十四個開放城市連成東南沿海的開放局勢，再由東南沿海之發展帶動中部及西部（所謂「產業西進政策」）。因而它恐怕已不是「一國兩制」的問題，而是資本主義自治區、特區經濟、開放城市經濟、內陸經濟間的複雜的關係。

擺在這樣的網絡中來看，則「統一」的意義不會完全是中共所曾設想的「以中國社會主義爲母體」的設計，若再比照前述消費行爲與市民的生活價值觀的轉變，則中共對臺政策中的「量變到質變」最後是如何轉變亦很難說。因爲，此種制度性設計本就意含著中共爲提高生產力而必得付出社會轉變爲代價。依照目前趨勢來看，大陸的市民經濟逐漸有個體戶日漸發展的力量，再加上戶口制度已因食物配給的失靈而功能喪失，勞動力流動將愈形頻繁，則中共集權控制力量只會愈來愈減弱。是以，臺灣對大陸影響力將不會只停留在文化消費市場或部分的交流投資之中。這是臺灣不應輕視自身或過度恐懼的關鍵所在。

準此以觀，統一的時間表就難以確定了。中共的對臺政策已確定不復急迫，依其規劃來看，拉近兩岸社會生活水平，使統一成爲自然而然的潮流，是既定的，則未來之所謂「統一」亦無非是在交流中，逐步解決兩岸交流中衍生的問題而獲致解決，與政治層次（如「一國兩制」或「黨對黨談判」等）還有很長時間的距離。至於如東西德一般，在生活、經濟、社會各方面達致「融合爲一」的程度，恐怕還得等上三十年吧！或甚至如果有意外的國際局勢變化或大陸變局，則時間可能還會更長一些亦未可知。東西德式的「融合」更加困難重重，當然亦非吾人今日所能設想。

然而，眞正有智慧的「統一」反而應該是把人民融合的意願列爲最優先的考慮，先由接觸、建立無可分割關係。人民融合、最後才是政治層次的解決。這一點是中共應當認知的課題。

而如果從前述之交流中所形成的大陸社會影響來看，臺灣亦不會是弱小到必須如此懼怕的。眞正該憂慮的反而是臺灣對大陸問題根本無法形成共識及定見。以中共而論，其對臺政策鮮明無比，當政策定案時，由中央統一發佈命令，傳達到各省市臺辦，甚至成爲學習材料，開會研討。因而中共的對臺政策從中央到地方皆口徑一致，沒有人會離譜，尤其在公開場合爲然。但臺灣則不然。大陸政策似乎可以在行政院與總統府之間存有歧見（如李煥時期），即便是「國統會」內亦意見不一。存有歧見而尋求共識爲民主社會之必然，而社會各界意見不一甚至相衝突，亦屬常理。但是分歧中竟未見有人專一事權，進行全程規劃才是關鍵所在。更爲危險的是，面對中共之對臺政策，部份國統會成員反而更專心於選舉，念茲在茲，渾忘外在壓力，寧不危哉？

國統會、陸委會、海峽交流基金會的「三階」做法，是政府在區分大陸政策上政府與民間有所區別的不得已的做法，但不該忘卻的是「海交會」所做的事是民意機關無法監督到的，未來如何強力監督陸委會以避免違反民意之舉在黑箱中作業，實爲緊要之處。然而，更爲需要的是一套具有前瞻性的政策及綱領。當大陸不斷以「一國兩制」提出宣傳時，我們有什麼可因應的呢？當我們口中仍談著大陸同胞時，什麼是我們對大陸人民可公開、可宣傳的號召呢？

當兩岸在不斷談及「統一」時，孫運璿任行政院長時所講過的一段話或仍值得深思：「只要大陸上的政治、經濟、社會、文化等各方面與臺灣的差距不斷縮小，中國和平統一的條件自然會漸趨成熟，到那時，統一的障礙就會減少。」

「統一」的過程如果定位在兩岸間的「量變到質變」，生活於臺灣的人們不應忘記的是：在不同的生產力水準與生活環境下，最後會是兩岸同步進行的量變與質變。臺灣在面對大陸時，又何需怯懦呢？這是未來在研擬大陸政策時不能不具備的信心。

——一九九〇年十二月

後戡亂時期的兩岸關係

之一／新思維

李登輝總統將在今日下午舉行記者會，屆時將宣佈「動員戡亂時期」結束，兩岸關係將由「戡亂」的消滅對方，走入互相承認爲「當局」狀態（即「大陸當局」對「臺灣當局」）；海峽交流基金會則受行政院陸委會正式授權，與大陸進行準官方接觸拜訪活動。這兩個攸關臺灣未來前途與命運的歷史性行動，正式宣告海峽兩岸關係已進入一個「新秩序」的年代，人們必須從舊的思考框架，走入一個「新思維」的年代。

但是，什麼是「新秩序」？兩岸的政權及人民又如何建立「新思維」？未來是否兩岸還會有「新衝突」呢？本文即試圖由兩岸的「新思維、新衝突、新秩序」三個方面來探討未來的兩岸發展前景，進而觀察可能的變化趨勢。

「新思維」是戈巴契夫在推動其改革方案前，所提出的思想理論架構，意即面對新的世界局勢與後冷戰年代的來臨，蘇聯應擺脫舊的意識形態框架，以全新的思維去面對問題，建立新的理論，從而進行全面性改革。

海峽兩岸的形勢變化也同時迫使兩岸的當權者、人民，必得面對後冷戰年代的國際形勢變化，兩岸交流所帶來的海峽形勢變化，以及兩岸政權轉變（臺灣是民主化、大陸是年輕一代接班）等，從而以「新思維」去面對問題，擺脫舊的「國共第三次合作」（中共所提）或是「反共」（臺灣所提）的舊理論、舊框架，進而面對現實，建立新的理論架構，規劃未來的兩岸發展藍圖。這不僅動員戡亂時期終止後的臺灣必須具備，亦是中共必須具備的「新思維」。

「舊思維」是建立在國際冷戰秩序、軍事對峙的形勢下的產物，臺灣在美國圍堵政策中因韓戰而劃入資本主義體系，成爲美國圍堵中共的重要環節，中共則被劃入共產主義陣營，其後又與蘇聯破裂，陷入雙面夾攻的孤立封鎖狀態，並在隨後的文革中走向瘋狂、叫囂的動亂年代。

然而，隨著中共與美國建交，美國發展出聯中共以對抗蘇聯的策略，以及中共因鄧小平上臺而來的開放改革措施，中共不再是美國武力封鎖的主要對象，臺灣地位的重要性隨之下降，資本主義與共產主義陣營的對峙日趨緩和，由明爭武鬥轉向暗爭文鬥。再加上八〇年代末的東歐、蘇聯、波蘭變局，冷戰年代宣告結束，兩岸關係中緊張對峙的國際環境大幅轉變，意識形態壁壘模糊化，欲要維持「反共」或「反資本主義」已不可能。九〇年代，臺灣所面對的是舉世都不談反共的局勢，而中共所面對的是舉世都不「反蘇」或「反資」的開放局勢，在兩岸關係中要維持此一思考模式已不可能。

兩岸關係的發展亦促成「舊思維」的解體終結：

冷戰時期因軍事對峙所致的政治僵局趨於解凍，兩岸政治互動關係增強。大量的政治人物往返於兩岸之間，從國府中央民意代表到地方政治人物，乃至於國民黨中央委員都有。兩岸透過政治人物傳話遞信，或是新聞媒介表達政治訊息，逐漸頻繁。而這種互動關係在「金門談判」，建立了全新的政治互動模式，亦卽在官方的充分授權下，進行民間談判。

兩岸間的政治互動亦體現在相關機構的設立與調整上。中共方面是召開四十年來最大規模、最高層次的對臺工作會議，而組織結構則是把中共中央臺辦與國務院臺辦合併，劃入國務院臺辦架構，同時，把原本寄予厚望的「國共第三次合作」逐步調整爲「寄希望於臺灣人民」。臺灣方面則是成立國家統一委員會、陸委會及海基會等機構，同時，擬定「國家統一綱領」將大陸政策規劃爲近中遠程的有計畫、有步驟的方針。這個兩岸機構、政策與綱領的互動關係，顯現政治上的新形勢的來臨。

兩岸關係傳統的緊張對抗以及互不往來的封閉結構被大量的探親、觀光人潮所突破。臺胞有近兩百萬人次進入大陸，它對大陸民間所發揮的影響作用是不言而喻的。對大陸經濟的幫助也是無可估計的利益。而在大陸而言，則有大量偷渡客、海上走私交易、漁業勞務合作在展開，印證著兩岸的經濟差距。

在經貿上則是大量的商業往來及投資活動取代原有的地下經濟活動。其中，尤以臺灣對大陸的貿易數量遠遠超出大陸對臺輸出。根據大陸經貿部門統計，一九八八年，兩岸轉口貿易臺灣對大陸貿易順差爲六・七億餘美元，一九八九年，兩岸轉口貿易額爲三十四・八億美元，臺灣順差爲二十三億美元；至一九九〇年，轉口貿易額爲四十億美元，臺灣順差二十八億美元。這些順差意味著一定的商人在其中獲得利益，而利益的網路又形成一定的政治影響力，對兩岸政治局勢之緩和發揮作用。

兩岸交流活動所發揮的作用又逐步轉化爲政治力，對兩岸當局造成壓力。其中，中共對臺政策之調整及機構之合併，以及臺灣之終止動員戡亂時期尤爲鮮明之里程碑。

中共對臺政策從早期的周恩來、鄧穎超、廖承志到楊尚昆，其領導部門及實際運作機構皆屬於黨的組織，在這些領導人的經驗性思考中，鮮少有「臺灣人民意願」的存在，他們普遍地認爲臺灣卽是國民黨統治下的臺灣，而國民黨卽是以前進行過二次「國共合作」，又互相軍事剿滅內戰的對象，因此「國共第三次合作」是中共長期以來的夢想。

中共方面藉由這批與國民黨打過交道的人任對臺工作負責人卽是希望有朝一日能够統一，在其印象中，國民黨是贊成統一（這一點與中共期望符合）卻又反共的（這一點與中共矛盾），而中共這批領導人對臺灣人民則深懷疑慮，認爲都有「臺獨」可能。

舉例而言，美麗島事件發生時，中共遲遲不願發表評論或意見，卽是認爲這可能是臺獨的一種暴動（當時美國臺獨正高唱武力臺獨論），再加上當時傳聞有國民黨人士通過美國傳達訊息給中共，因而中共遲了一個多月才發表評論意見。

這樣的模式所顯現的是：中共與國民黨原來的元老有較好的溝通管道，或出於老同學之誼，或出於老戰友（一齊合作抗日），或出於鬥爭對手之熟悉，因而中共更相信號稱「反共統一」的老國民黨人。卽使蔣經國在世之時，中共猶懷有等經國先生派人來談「國共第三次合作」的願望。

這樣的傳統溝通管道使中共的決策訊息輸入網成爲片面的、單向式的網路，中共更相信這條管道傳來的訊息（這是私下且非公開的），而不相信各種新聞媒體，或公開的訊息。其結果卽是，國民黨在九〇年政爭中，不斷有一批人傳遞訊息給中共，而且爲了削弱對手，甚至發出不利於李登輝總統的傳聞，中共中央臺辦聽信了，遂有去年三月八日之「權威人士進場」抨擊李登輝為獨臺。再加上李登輝的臺籍身分與直率作風與國共打交道的陰柔作風迥異，中共一直心存疑慮，更使共產黨對他不太信任。

幸而，政爭風潮平息後，李登輝順利當選總統。而中共也被迫面對新的情勢；未來打交道的國民黨不再是舊元老，而是以李登輝為首，結合臺籍與外省第二、三代所形成的領導核心。去年六月十八日，江澤民的談話就明顯地轉向了。

中共事實上是被兩岸交流形勢及臺灣權力核心的轉變拉著走，而不得不採取公開、交流的開放做法，擬定兩岸政策，而「三通」及「雙向交流」的特別突出，就是明顯放棄國共第三次合作，轉而朝向公開化發展的標誌。而原本從事地下工作的機構─中共中央臺辦歸併到地上的國務院臺辦，也是此一標誌。

更為準確的說，兩岸關係的「國共」雙方已必須或已然部分地進行換手接班，新的國民黨（以李登輝為領導核心、陸委會為主事部門）將與新的共產黨（以鄧小平、楊尚昆為領導核心，王兆國及國臺辦為主事部門）將展開另一時期的兩岸關係。

「新思維」因而不是虛幻的構想，而是在人事佈局、權力結構、組織結構上已然進行調整的必然趨勢。

兩岸關係的「新思維」因而有如下的特色：走向公開務實的對話，目前此一特色顯現在海基會赴大陸的訪問，以及臺灣宣告「終止動員戡亂時期」將中共定位爲「當局」上。中共之稱爲「當局」即是承認其爲客觀事實的存在，也是必須打交道的權力對象，海基會與國臺辦打交道，即爲此一表現。但由於「地下活動」已行不通，雙方必得走向公開化發展，取得全民之同意才能實行。

以人民爲中心的原則。原本中共只重視老國民黨，往後中共不得不在臺灣憲政改革及民主化之後，見到臺灣民心歸趨，因而不能隨意將臺灣人民追求民主自由的決心視爲是「臺灣獨立」而應看到民主化的可貴與眞實力量，臺灣的大陸政策也一樣，必須將目光從中共當局的少數人移開，轉而注視廣大的農民、知識份子、工人的身上，雙方以如何追取民心，做爲競爭的主要原則。

從對抗走向競爭，原本對抗關係既已結束，未來勢必朝向經濟、政治、文化上互相競爭，端看誰能取得發展之進步及主導權而定。因而是又合作（經濟上）又矛盾（政治上）的關係。

長期而實驗的發展思考。兩岸模式不同於南北韓、東西德模式之冷戰產物特色，而是內戰的結果，再加上實力懸殊，其發展過程因而是特殊的、長期的（可能達幾十年）且是實驗的。無論是「一國兩制」「一國兩府」「邦聯」「聯邦」，都不見得是最終的解決之道，唯有在符合人民意願與客觀現實的條件下，才能逐漸發展，兩岸當局都應體認這是一個必須重新構思、無現成模式可以參考的發展過程，過急是沒有必要且對歷史不負責任的。

當李登輝總統宣告終止戡亂時期時，兩岸深信確實必須突破舊框架而走向開闢新理論的「新思維」時代，也唯有新思維才能開創新時代。

之二／新衝突

再無一個時刻像四月三十日這樣，集中、突出、典型地反映著兩岸關係「量變到質變」的轉捩點。這個轉捩點以李登輝總統在臺北舉行記者會的下午三時爲準，北京一些關心臺灣事務的人士（包括赴大陸的原臺籍人士、中共臺辦官員、新聞媒介）聚集在短波收音機前，收聽著海峽彼岸傳來的李登輝總統的宣告「終止動員戡亂時期」，以及稱呼中共爲「大陸當局或中共當局」，甚至他的邀約：「如果楊尚昆接受我以中華民國總統李登輝的名義邀請他以私人身分來臺灣訪問……。」

在那一個時刻，前臺灣立法委員、李登輝的老朋友、現任中共人大常委黃順興坐在收音機前，沉思地閉上眼睛，以閩南語說：「阿輝仔的國語很不錯啊！」隨即他回憶起以往與李登輝喝酒（那時李登輝在農業部門）的場景，多麼「阿殺力」的壯年歲月。

也正是在同一時刻，海峽交流基金會的首次訪問團離開北京恭王府，前往拜會司法部，因兩岸中一些商業、經貿、犯罪問題、民法問題未來還是得折衝協調，海基會前往拜會。

從四月三十日下午三時起，海峽兩岸之間的衝突由以往的「國共鬥爭」「漢賊不兩立」「戡亂弭平共匪」的對立，走向另一個階段。李登輝說：「我們宣告戡亂的結束，就是不以武力爲手段進行統一。」武力的矛盾宣告結束，代之而起的是另一階段，誠如李登輝對楊尚昆的邀約「如果我以中華民國總統李登輝的名義邀請，保證他人身安全，他以私人身分受邀，可以試一試。」

這句話代表著，下一階段的兩岸首要衝突即是：「一國兩府」與「一國兩制」的矛盾。它將是無所不在地籠罩在兩岸交流的每個交涉、每一次對話、每一個細節裏。

對中共而言，大陸是得到多數國際社會承認的中國合法政權，且其國際社會影響力遠遠超出臺灣之上，因而以巨大的外交網路，對臺灣進行封鎖。卽使是有關航權的取得，中共也要加以干涉。中共的做法是，除非臺灣先與大陸通航，否則臺灣在航權上休想走向國際社會，中共一定不斷加以阻撓，其目的卽是藉此形成壓力，促成「三通」。

而臺灣，在中共的制度性設計中，是按「一國兩制」規定的「特別行政區」，擁有「高度自治權」，將主權與治權分離，至於主權問題及其與治權的關係，則是通過「黨對黨談判」達成「一國兩制」式的統一。

然而，臺灣則不持此種觀點。在立場上，中華民國政府是正統的中國政權，兩岸雖然分離四十年，但仍將維持正統的形象與地位。蔣經國時代，爲維持正統而使憲政改革無法進行，變成空殼子，但當李登輝進行憲政改革時，中共反而充滿疑慮，深怕中華民國政府與權力終將本土化，而本土化、民主化卽可能走向「獨臺」之路，中共遂變得無視臺灣民心的民主化意願，走到反潮流、反民主的一方，轉而支持倒退的一方（見諸於去年「權威人士講話」）。

無視於臺灣現實的中共亦很難理解，爲什麼臺灣人民追求「民主自治」的決心如此強烈，因中共是在農村搞包圍城市的革命出身，未曾經歷過殖民統治下的人民意願無由表達、受人統治的痛苦。而國民政府遷臺後四十年不改選的國會亦使臺籍政治菁英無由出頭，充滿被統治的痛苦，而在這憲政改革卽將完成，民主化逐步落實的時刻，臺灣人心中「出頭天」的感受是無比強烈的。

無論國民大會怎麼鬧，立法院怎麼打架，關在家裏自己打，總比又重複一次政權轉換的痛苦來得好。用北京一位臺籍人士的說法：「想出頭天的臺灣人是從未享過『自治』的味道，因而『自治』無比重要，但是若無民主便無由談自治。但是中共當局卻無法理解，常常把『民主自治』當成半個臺獨。」

中共的「一國兩制」、「黨對黨談判」因而變成是懸空的、缺乏臺灣民間基礎的口號，尤其對於長期在國共鬥爭又國共合作的中共對臺政策主要領導人仍在主政的此刻，臺灣權力核心的轉變使得他們打交道的對手變成完全陌生的另一批臺籍人士，內心惶恐無比，加之原來「黃埔同學會」的元老人物向中共傳話，遂使得臺籍變成有臺獨傾向的符號，中共遂愈加有「迫切感」，而更加汲汲於推銷「一國兩制」的僵硬原則。

「一國兩制」原則的具體化即是在每一個細節中滲入地方與中央的不對等設計，並在每一種制度性設計中都要加入此一框架，使得一些現實而具體事務窒礙難行，中共一些事務性官員得繞過無數彎子，才能辦事。

李登輝以「中華民國總統」身分表明可以邀約楊尚昆來臺訪問，也恰恰是集中地反映出「一國兩制」的原則在現實上的僵硬難行的矛盾所在。在未來的時間裏，「一國兩府」對「一國兩制」的矛盾將是無所不在的關鍵性問題，隨時可能阻礙各種事務性談判的進行。如果兩岸的主事者無法繞過這一道關卡，則許多事務性問題將難以獲得眞正解決。

第二個主要矛盾是「中國國情與臺灣經驗」的矛盾。前述之「一國兩府」與「一國兩制」之矛盾主要關係著臺灣前途與生存發展的衝突，但伴隨著兩岸交流所衍生的、愈發凸顯的問題則是「中國國情」與「臺灣經驗」的矛盾。這二個名詞其實均蘊含著強烈的政治符號，用以作爲互相「統一」的內涵。

大陸所宣傳的「中國之情」是指大陸憲法所規定的四項基本原則（又稱「四個堅持」），而總的說法卽是「有中國特色的社會主義」。而「臺灣經驗」則是針對大陸政策所宣示的：「政治民主化、經濟自由化、社會多元化、文化中國化」。

中國國情與臺灣經驗矛盾的核心，一是制度問題，卽行大陸的社會主義，還是行臺灣的資本主義；二是意識形態問題，卽尊崇馬、列、毛思想，還是依照現代西方思想體系。

在兩岸未接觸前，雙方意識形態問題被軍事敵對狀態逼退到次要地位。但在兩百萬人次交往及數十億美元貿易投資達成的同時，「後冷戰時期」的國際特徵也反映在兩岸關係中，展開另一階段的較勁。一九八九年，六四事件前後，是一次較量的高潮，大陸被西方現代化思潮（包括臺灣在內的影響）所衝擊。

可以預見，由於兩岸之間在意識形態上、政治體制上尖銳對立的矛盾一直存在，未來只會更形嚴重。六四後，大陸在與臺灣往來中保持警惕態度，一些內部文件則明言要愼防「和平演變」。在兩岸交流愈益深入的同時，「中國國情」與「臺灣經驗」的矛盾將是一場無形的、暗流的衝突，中共不僅將嚴加提防，而臺灣的經貿交往與人員往來亦將成爲無可控制的影響力。有位大陸學者便稱這將是「沒有硝煙的衝突」。

第三種衝突則是法律的衝突與兩岸法律規範的矛盾。這也是李登輝記者會時，陳長文正在赴中共司法部拜會的原因所在。法律衝突也是當前新衝突中，唯一不在政治層次上正面衝突的矛盾，也是可以透過交涉、談判逐一緩和解決的衝突。

兩岸法律矛盾的形成，仍將回歸到「法統之爭」，即誰的法律才算是有效正當，雙方互相排斥，視爲無效達四十餘年。但開放交流後，無數問題衍生而出。且不談四十餘年前的重婚、遺產懸案，就以目前兩岸涉及之人、錢、物上的大量往來就將衍生出權益保證問題，空難賠償、車禍處理僅是突出的事例。舉凡各種司法文書之送達、驗證、商業糾紛案之仲裁、犯罪行爲之認定等，依何種法來辦理，無一不與法律有關，且需要法律之規範。而恰恰是法律層次問題，最爲直接且切身地涉及民眾之利益。三保警案就是最典型的法律衝突的案例。

法律衝突因而成爲海基會未來必將面對的一大課題。目前，臺灣提出「一國兩地區」概念以國際私法衝突論來解決，大陸亦有人建議循格魯修斯之「事實需要原則」彈性處理臺灣法律，並以「域法衝突理論」來規範總的原則。這些都是新的思考。

一如前文所述，「域法衝突理論」或「一國兩地區」之理論，都是兩岸在面對問題時，嚐試以「新思維」去解決實際問題的努力。而唯有用新的思考方法，才能在諸種新的衝突中，找到解決之道。

兩岸關係中的三種新衝突既互相交叉重疊，又互相影響制約，如果兩岸能明智地由法律衝突的事務問題談起，將更易尋找到解決之道，但如果雙方都泛政治化在第一種衝突反覆強調，雙方都得不到好處，眞正的衝突也就永難化解。

之三／新秩序

從一九八七年臺灣開放探親而啟開兩岸關係新頁開始，到如今海基會在大陸拜訪，李登輝總統宣告終止戡亂時期，以宏觀歷史的眼光來看，是一個「量變到質變」的過程。動員戡亂時期的終止，無論當下的影響面是大還是小，但必然是使得兩岸關係走向另一種不同於以往的本質。「質變」後的兩岸關係則必須由當前的「非制度性模式」走向「制度性設計」，始能建立一個長治久安的新秩序。

「質變」的根源並非始於政權，而是人民本身，這是造成當前無制度的根源。「兩岸猿聲啼不住，輕舟已過萬重山」恰恰是兩岸關係的寫照。最初，中共亦未料到臺灣會開放探親，開放後，中共才匆匆忙忙籌組「國務院臺辦」。設計之始，中共曾有兩套方案，其一是由原已存在的中共中央對臺工作小組轄下，再掛一塊招牌以作爲公開的門面；其二是在國務院底下設一臺灣事務辦公室。當時正值趙紫陽主持體制改革，提倡「黨政分開」之原則，遂採取第二方案，在國務院設一臺辦，以與中央臺辦區隔，但由於人手缺乏，唯有從各部門抽調人手，其中自然以中央臺辦的部份人馬爲主力。至於地方省級的臺辦則陸續補充，再小的鄉縣則由統戰部兼職。

國臺辦的組成是匆促而臨時的，人手不足外，更嚴重的是兩岸形勢一發不可收拾，超出中共預料之外。人員大量湧到探親觀光，經貿交流在超乎想像的數量上展開，公開的活動取代了中央臺辦的地下工作。而一九九〇年臺商的大陸考察熱之時，中共更不知所措，把江澤民、李鵬都找出來接見工商考察團。當時，中共相關官員表面熱絡，實則深恐過熱失控，而頻呼應該冷卻，但又冷不下來。中共的對臺事務其實是被臺胞拉著走，而非計畫中的事。國臺辦與中臺辦的合併也是由於兩岸事務公開化，無需太多地下工作而進行歸併。

臺灣當然亦無不同，從探親到二百萬人次往來，政府屢屢提出要冷卻大陸熱卻總是無效。經貿關係亦然，它依照商人的經濟需要與利益原則辦事，根本無視於政策的存在。政策卻總是追在現實的後面跑。

這種非政策性、不可預估的交流，使得兩岸政權的「啼聲」無論如何呼喚總留不住已飄過萬重山的「輕舟」——人民。中共擋不住臺胞，當然也擋不住自己的偷渡客到臺灣去打工（這在某種程度上是很沒有顏面的經濟差距）。

超出政權想像的人民的交流風遂導致兩岸對立狀態轉變，再加上臺灣內部民主化條件轉趨成熟，進行憲政改革之需，遂有終止動員戡亂時期之舉。

然而，由於兩岸人民的交流超出政權規劃，兩岸關係遂只能「跟著感覺走」，進入一種非制度性的交往狀況。舉例而言，從偷渡客遣返、三保警案、白雲機場空難、到不久前的莆田車禍案，兩岸間都未曾建立制度性的處理規範。三保警案是最標準的案例，中共在處理過程中一直宣稱要依法處理，但到底依大陸之法還是臺灣之法，中共也毫無準備。法的衝突的解決方案尙未建立，中共只有「從兩岸大局著眼」，將員警釋放，但這也終究是泛政治化的處理，而非制度設計下的應有做法。

由於四十餘年的隔絕，由於兩岸政權之間一直無法建立正常公開的溝通管道，兩岸當局僅能依照舊有「慣性規律」辦事。中共泛政治化地高唱「一國兩制」，臺灣則高唱「以臺灣經驗統一中國」或「經濟反攻」。將經貿、人員往來、文化交流等民間活動政治化並非一方獨具，而是兩岸皆有的「慣性」，中共將接待各種考察團、商業團體視爲「政治統戰」，而臺灣則將之看做「反攻行動」。

但是，無論政權如何看待處理，這些事務本身卽充滿隨機性，此一事、彼一事，此一時、彼一時，根本無法預料會生出什麼狀況。這時兩岸才開始籌謀規劃之道。質言之，是在依慣性辦事卻又窮於應付的混沌狀態中，兩岸當局才驚覺制度化、法治化的重要。臺灣是國統會、陸委會、海基會的制度性設計，並以國統綱領及兩岸關係法做爲法治基礎；而中共則行「兩辦」合併及擬定「臺灣地區人民往來大陸規定」等法律。

然而，這也只是規範自身地區的法律，涉及兩岸的諸種事務依舊只能依非制度性的慣性處理。長此以往，終究無法眞正解決龐雜無比的兩岸事務，因而，未來的兩岸關係唯有從「非制度性模式」過渡到「制度性設計」才能眞正建立「新秩序」。

「非制度性」卽意味著隨機性、突發狀況、無法管理、遇事措手不及、只圖一時之便等。典型處理模式卽是三保警案。「制度性設計」則是藉由各種協定、法律、慣例等來形成處理之模式，進而規範兩岸關係。最爲典型當然也唯有「金門遣返協定」。

制度性設計中，又可分爲高層次與低層次。所謂「高層次」意指「一國兩制」或「一國兩府」，「黨對黨談判」或「政府對政府談判」，「資本主義制度」或「社會主義制度」，主權與治權如何區分，所有制是私有制或公有制，國際社會主權代表之界定等等。這些都是涉及兩岸未來社會、經濟、政治、意識形態等制度的問題。

「低層次」則意指一些實際的事務。例如經貿交流如何認定其協約效力、糾紛如何解決、婚姻有效性認定、海上交易認定、漁業糾紛之解決、勞務合作、旅行觀光業務、雙方人員往來、直接貿易應否成立、直接通航的可能性、旅行簽證、法律文書之認定等等。

高層次的問題與低層次的事務性問題之間，又環環相扣，互相交叉重疊，無法單一地、孤立地看待。舉例而言，「金門談判」中有關用民國紀元或是西元就有很大的爭議，而僅紀元就得吵半天，更何況未來的無數事務中都將牽涉到政治層次的制度問題。

然而，高層次的政治制度問題卻是短期內無法解決的，兩岸的眞正「建立官方溝通管道」在國家統一綱領中被列爲中程目標，因而它是當前各種事務性問題的理論與指導原則。中共隨時都以「臺灣省」稱呼「中華民國」，而中華民國政府則以「中共當局」稱呼「中華人民共和國」。在高層的問題中，兩岸目前是難有交集的，而且最後的歷史定論會是何種制度亦在未定之天（誰能預料兩岸自身會不會有制度性轉變），但是，更應該注視的卻是當前事務性層次問題。因爲當前的事務性問題的諸種制度性設計，正是在逐步積累出最後的制度性設計。也正是這些事務性層次的問題在建構出高層的兩岸制度設計。

落實爲具體的層次卽是如何規範兩岸之間的諸種法律衝突。畢竟，兩岸關係若沒有法律的保障，完全由非制度的政治因素起作用，則必然是不穩定而脆弱的。而當前諸種點點滴滴的談判與協定，又是一磚一瓦地在建築出未來兩岸關係的橋樑與定位。是以低層次事務問題的解決又常常會涉及高層的政治定位問題。

準此以觀，兩岸之間各種事務性、技術性規範上還會有無數衝突，有些甚至在短期內難以解決（例如直接通商），雙方在由民間團體進行授權交涉談判的過程中，亦必然要陷入僵局或難以發展，最爲可能且必然會發生的，恐怕還是問題取向式的交涉，也就是問題嚴重，對兩岸人民的權益造成重大損失，非協定或談判無由解決時，才有可能拉上談判桌，「金門協定」就是這樣的產物，它是以幾十條人命爲代價所換來的結果，而非兩岸誠心的、有備而來的產物。

從這個角度來理解，就不難看出由非制度性向制度性過渡，將不是以雙方意願爲主導，因兩岸主政者的意願差距太大，而是以問題的迫切性爲主導，逐一被迫去處理。換言之，兩岸主政者依舊被人民的力量拉著走，視問題的迫切性與嚴重性去建立制度性設計。

再就法律的理論基礎而言，則無論是「國際法衝突理論」或「國內法」都難以規範兩岸間的問題。惟有在正視事實存在的基礎上，客觀地看見歷史事實與現狀，才能解決問題。兩岸如果能以平和、理性態度面對問題，則「一國兩地區」及「事實需要原則」可能是兩岸間較可遵循的準繩。中共亦不能不正視兩個地區、兩個法律範疇的事實，惟有先認識此一「一國兩地區」的現實，才能把兩岸的法律關係加以定位。而這種地區間的法律衝突，又是國際法、國內法衝突論無法解決的，因而極可能是其中的融合，變成「區域法衝突」理論，它是一個未曾實踐過的領域，恐怕需要更多的研究及實際協定，才能體現出來。

從臺灣的立場來看，「一國兩地區」及「事實需要原則」也是必得遵循的基本原則，它對臺灣是利多於弊或弊多於利，亦將見諸於每一項個別協定的定位與處理模式上。也就是如何在每一個細節中爲未來的總體制度性設計創造有利的基礎。中共所謂「大處著眼、小處著手」應是一個較好的處理態度，只不過雙方著眼的地方不同，互相都想爭取較有利基礎而已。

理解動員戡亂時期終止後的「新秩序」，最關鍵的恐怕仍在於如何認識到「老資本主義」與「老社會主義」的思考模式應該改觀了，在冷戰陣營崩解、兩種主義與制度交往融合爲新國際秩序的當前形勢下，用任何「舊主義」去規範已不可能。從非制度性的泛政治化、慣性處理模式，走向制度性設計，將是一個艱鉅的工程，每一個問題都可能談上一、兩年，急也急不得。惟有面對現實地以「新思維」，處理「新衝突」，才能建立「新秩序」。而如果這一代的兩岸能建立長治久安的新秩序，歷史也不會忘記。

——一九九一年三月

◈海峽兩岸事務性談判之檢討

壹、前　言

海峽兩岸事務性的接觸與談判始於一九八六年，王錫爵駕機飛往大陸時，由華航與中共中國民航所進行的「兩航談判」開始。當時中華民國政府尚未宣佈對大陸開放探親，但其所樹立的民間原則、間接原則、不經第三者、由華航進行談判等，則爲往後兩岸事務性接觸與談判樹立「模式」，從而大體沿用至今。

一九八七年宣佈開放探親後，兩岸民間往來頻繁，各種事務性的問題頻頻發生，舉凡觀光糾紛、保險理賠、海上犯罪、黑道犯罪者潛逃之引渡、貿易糾紛等等，層出不窮。海峽兩岸的接觸與談判乃進入另一階段，即由一時一地一事之分別解決，進入通案解決，雙方簽署協定的階段。其例證最明顯的是有關遣返問題的「金門談判」。

從兩岸執政者的佈局來看，執政當局所希望的解決模式仍在「通案解決」的處理，海峽交流基金會所負起的功能在此，而中共國務院臺辦所新設的「綜合業務局」功能亦在此，兩岸走向接觸與談判的時代，已因事務性問題的日增而必須來臨。如何從當前兩岸有過接觸與談判的經驗，進行檢討反省，以作爲未來依循改進之道，則是必要研究的課題。再則更爲嚴肅的課題是：海峽兩岸的談判事項雖僅止於事務性層次，但未來終將觸及兩岸的政治層面問題，屆時極可能是歷史性的定局。因而，當前的事務性談判不應視同只是一事一務之解決，而應視爲「歷史的積累」，在積累過程中，事務層次所涉及的談判規則，談判條件、談判機構、談判決策系統之逐步形成，都可能是未來歷史發展的前期。從這個角度來看，則檢討當前兩岸的接觸與談判應具有更高視野才較爲恰當。

本論文之目的即試圖由前述觀點出發，對兩岸近年來的接觸與談判進行檢討與反省，探討兩岸接觸與談判形成的背景與條件，形成的過程、談判之結果與影響、未來可能的趨向，並希望能探討出決策部門在此一過程中應注意的事項。唯本論文寫作之困難應在文前加以陳述：兩岸接觸與談判事務愈來愈頻繁，寫作之時閩獅漁號的案件正在進行中，政府已同意中共派紅十字會人員前往探視，中共準官方（或半官方）人員赴臺，這是首次。由此可見兩岸事務性接觸與談判爲發展中的主題，它並非歷史性事件有完整之資料可做爲依據，一些兩岸的溝通與協調，傳話與接觸都可能因時間迫近而無法公佈，研究者因而僅能憑藉報刊，現場觀察，言談等爲資料進行研究，這是困難之處。

貳、接觸與談判形成的背景與過程

兩岸執政當局的接觸一如國共關係之複雜與充滿歷史糾纏不清的線索。依據中共相關的資料顯示，國共之間的間接接觸以傳話爲主。一九五〇年六月一日，韓戰尚未爆發時，國民黨曾派李次白爲密使返回大陸，試圖「洽商國共再次合作」事宜，隨後韓戰爆發，局勢逆轉，行動隨之停止❶。一九五七年春，國民黨派密使宋宜山赴北京與周恩來晤談，中共曾提出兩黨通過對等談判，實現和平統一，臺灣成爲自治區等建議❷。

這是形之於外的，見諸報導的接觸。另外，一九六〇年，毛澤東與周恩來將對臺政策歸納爲「一綱四目」❸。依據中共記載，這個原則曾通知蔣中正、蔣經國、陳誠，至於通知方

❶ 張劍寒〈第三次國共合作能否成功的關鍵所在〉，《團結報》一九八六年九月十三日。

❷ 陸鑑〈國共三十年前的試探性接觸，蔣介石派密使宋宜山晤周恩來〉，《香港老百姓》半月刊，一九八七年十二月一日出版。

❸ 「一綱四目」之「一綱」指臺灣必須回歸祖國，「四目」是：一、臺灣歸回祖國後，除外交必須統一於中央外，當地之軍政大權、人事安排等，悉委於蔣介石，對陳誠、蔣經國等人，亦悉聽蔣介石之重用。二、所有軍政及經濟建設一切費用不足之數，悉由中央援付。三、臺灣之社會改革可以從緩，必俟條件成熟，並尊重蔣介石的意見，協商決定後進行。四、雙方互約不派特務，不做破壞對方團結之舉。

法則未曾記載，相關的中共對臺人員說：「我們自有管道。」

這種種事例表明，在一九七九年，中共提出「和平統一」方針之前，國共兩黨之間並非沒有任何接觸，唯因事涉雙方機密，未曾公諸於世。由於這一部分無法查證，因而無法進行申論。然而，從客觀歷史的視野來看，則這些接觸證明着「不接觸、不談判、不妥協」之原則只是指民間而非「官方接觸」。這些洽談、派遣密使、傳話、會晤在一九五七年大陸進入反右鬥爭後，即告一段落，其後隨之而來的文革使大陸政局陷入一片混亂，兩岸之接觸不僅不可能，且在大陸亦將變成「雙料特務」而被文革的紅衛兵批鬥下放甚至死亡。當然，中共對臺灣的秘密佈署也在紅衛兵的清查行動、文鬥武鬥行動中逐一曝光，中共的對臺工作秘密管道幾乎全部「斷線」❹。中共官員在接受訪問中明言：「這是在大陸的臺籍人士最黑暗的時期，也是對臺工作人員最黑暗的時期，每個人都揹上國民黨特務的嫌疑，在清查中逼供刑求，甚至致死。」

一九七九年，中共以「全國人大」名義發表「告臺灣同胞書」才使兩岸進行接觸的可能性進入另一轉折點，中共開始強調「和平統一」，尊重臺灣現狀與臺灣各界人士意見，並提出通航通郵等要求。而蔣經國總統則回應以「決不放棄一貫的反共路線」作答覆。同年四月

---

❹ 本段落引自中共國務院官員接受訪談時所述，及臺籍人士之敍述。

四日，蔣經國在黨內會議上提出與中共「不接觸、不談判、不妥協」的「三不政策」❺。

然而，隨着一九七九年美麗島事件的爆發與政局上的不安局面，臺灣內部民主自由要求呼聲日高。一九八〇年三月二十六日，西德貨輪停靠基隆碼頭，船上之大陸工作人員由臺灣海員總工會基隆分會邀請，舉行歡迎會並參觀基隆市。隨後的幾年間，兩岸民間的接觸愈趨頻繁，但主要仍在海外其它國家。以一九八三年一至十月就有十餘次會議在第三地召開❻。一九八四年元月，行政院長孫運璿宣佈臺灣人員在國際學術、科技、體育、文化等會議與活動中，可以與大陸人員接觸❼。在通郵方面亦是此種情勢，一九八三年有一七〇件大陸信件寄往臺灣（經香港，其它如來大陸探親旅遊人數亦逐步增加，成爲公開的秘密）。經貿的增長也是促成接觸發生原因之一，從一九七八至一九八三年，經香港轉口貿易金額合計一四點七億美元。一九八四年大陸放寬外匯管制擴大進口，兩岸貿易額大幅提升，從八四年至八六年，分別爲五億、十億及十一億餘，合計二十六億餘美元。大陸對臺貿易逆差則爲十八點四億美元❽。

❺ 見一九七九年四月五日，《中國時報》。
❻ 《兩岸關係大事記》社科院臺研所出版《回顧與展望》一九八九年九月出版。
❼ 《中央日報》一九八四年元月三十日。
❽ 劉映仙、姜玲芝《十年來兩岸經貿關係的回顧與前瞻》，一九八八年，十二月。

從前述之人員往來、參與國際會議、經貿數量增大，吾人不難發現兩岸的民間接觸呈上揚趨勢，而這些即足以形成各式各樣的問題，並進而轉化爲政治上的動力，促使大陸政策放寬，並改變兩岸情勢。但這只是民間接觸的階段，並無任何的「談判」的實質或形式。

眞正具備談判意義的是一九八六年的「兩航談判」。一九八六年五月三日，中華航空公司波音七四七F貨機從曼谷飛香港途中，由機長王錫爵駕駛轉航中國大陸，在廣州白雲機場降落，王要求與親人父母團聚，並在大陸定居。王錫爵帶來的問題是：飛機、貨物、其它二名機組人員（副駕駛董光興、機械員邱明志）該如何處理的問題。由於事出突然，臺北方面曾一度誤傳爲劫機事件，其後證實係王錫爵個人行爲。當時中共民航公司致電華航，邀其派人出面赴北京商談處理善後問題。

然而五月四日，政府決定堅持「三不政策」，不與中共正面直接接觸，委託香港國泰航空公司「全權處理」貨機事宜；委請英國保險公司索機，透過國際紅十字會索人。然而此一決定不爲中共接受，表示處理華航事件純屬中國內部兩個民航公司之間業務性商談，不需經由第三者，華航如覺得到北京不便，則可選適當地點談判。五月十二日，在各界基於「人道原則」處理的呼聲中，蔣經國總統決定進行談判，由交通部民航局長劉德敏舉行記者會，宣佈新決定爲「此一事件純屬民航事件，基本上應由華航自行處理」，並於十三日由華航分公司駐香港代表與中共洽談。五月十七日兩航會談開始，至二十日雙方達成協議。二十三日，兩航代表在香港辦理貨機貨物和兩名機員的交接手續。

整個交涉過程中，政府的處理原則並非一成不變，而是由委託第三者，轉變爲交由華航公司出面，變成「中國內部之航空公司問題」加以解決。如此，既維持了「三不政策」，又壓低在民間層次。當時華航提出之原則是這樣的：秘密接觸商談（會場不公開），「三不」立場不變，民間處理政府不參與，不搞宣傳，不談政治，不講形式等❾。這些原則從今天的角度來看，愈發顯現其意義。即大部分原則維持不變。

「兩航談判」所樹立的模式因而殊爲值得玩味：①談判的發生並非預期中事，而是一樁意外事件。②談判主題爲解決單一事件。③談判的決策過程係由十二位中常委在蔣經國指示下組成「研究規劃小組」進行研究而做成決定。④談判地點選擇在香港。⑤談判層次壓低在民間層次，由華航出面，⑥談判之方式採秘密不公開及不搞宣傳之原則（當時之顧慮爲怕中共藉此大肆宣傳「搞統戰」）⑦談判之決議由兩航簽署決定。

處在戒嚴時期的此一模式爲後來所沿用，唯在地點的選擇上有所變更，它是因應兩岸開放探親後的新形勢所致。

❾ 有關兩航事宜，詳見一九八六年五月三日至二十五日之《中國時報》。

一九八七年十一月，政府當局宣佈正式開放探親後，兩岸的民間往來逐步開放，人數日增，並衍生出無數問題，舉凡觀光糾紛，保險理賠、居留問題、海上交易與糾紛、犯罪分子潛逃問題等等，相應而生。接觸之層面既在民間往來中由點至面擴散，則各種問題已無法在單一的突發事件中解決局部問題即可，而是需經由通盤考量，進行全盤規劃，始能長治久安地解決問題。而欲要徹底解決則非由政府部門或帶有公權力性質之部門出面不可，如此即使接觸談判延續「兩航談判」之決策模式：由中央決策（十二位中常委組成之小組進行研究規劃，現在則是國統會與陸委會），而由民間予以執行（海基會、紅十字會或民間的旅行同業公會）。

準確的說，兩岸的接觸與談判是在雙方（海峽兩岸）都未曾預估的情況下開始的。兩航談判如此，在進入探親後的接觸與談判亦然。民間以各式各樣的意外事故、意外衝突、突發性事件，爆發問題，再由政府部門協調民間團體出面解決。

一九八七年開放探親後的情勢逆轉是造成另一波談判與接觸的主因。就較大規模的接觸而言有：國際科年總會（一九八八年，臺北派二代表參加），亞銀年會（郭婉容率團參加）、偷渡客事件與遣返問題所造成的金門談判、白雲機場空難與莆田大車禍所引發之旅行糾紛，鷹王號事件、海基會大陸行、閩獅漁事件等。皆是其犖犖大者，其他如兩岸商務協調會在北京及上海召開，工業考察團等工商人士與中共領導階層見面之事，接觸之層面遍及政商各界，甚至官方。

其中具有談判意義的仍在金門談判與旅行業之談判。其中金門談判較具政治意義，備受重視，但有關臺胞赴大陸旅遊之安全與保險問題則因由旅行業出面，較少受到重視。

「金門談判」的形成主因是大陸偷渡客赴臺灣打工者日眾，政府處理上爲避免直接接觸之嫌疑而未與大陸交涉，將打工者、漁民關入靖廬後，併船遣返。然此舉因併船遣返程序與處理方法中聽任船員自行處置，終致發生「閩平漁事件」，大陸偷渡客遭悶死。其後，隨即又發生大陸併船遣返之船隻在海上遭我方艦艇撞沈事件。海峽兩岸通過紅十字會協商，終在金門進行秘密談判，並簽署遣返協定。其後一九九一年四月，正當三保警案發生時，陳長文赴北京洽談，並秘密拜訪中共公安部門，就兩岸警方合作遣返刑事犯問題進行協商⑩。

金門談判的主題在遣返，但肇因仍在兩岸自發性的民間往來而產生，此舉既非中共亦非臺灣所樂見。而自意外發生後，兩岸關係頓呈緊張態勢，中共發出抨擊⑪，臺灣民間亦抨擊

⑩ 詳見一九九一年四月，《中國時報》報導。

⑪ 中共由官方新華社發表報導及評論文章，福建省臺辦並將現場之錄影帶公諸於中央電視臺，時在一九九〇年八月。

此種不人道行爲，這些是促成金門談判的主因。金門談判的過程則迄今未見公佈。依據筆者個人所知，雙方曾先就談判主題（遣返），談判地點、談判代表、談判有效性等進行多方協商。最後由兩岸執政當局確定談判之原則與方針，並擬定以紅十字會爲談判代表，出面談判，臺灣方面以陳長文爲代表，大陸方面則以紅十字會秘書長韓長林爲代表（實則是兼具國臺辦官員身分的紅會理事樂美貞始具實權）。

中共方面由國務院臺辦向「最高當局」請示後，由樂美貞出面，經厦門軍方的出面秘密安排，搭乘船隻赴金門，海上半途中，再由金門守軍出面迎接，轉船後，開往金門，進行爲時一天半的談判。此一談判的進行若無雙方「最高當局」的支持與授權，則軍方不可能配合（兩岸軍方同時配合）。最後在保守秘密的情況下完成談判任務，大陸代表由金門守軍送出港口，再轉搭前來接應的中共船隻返回厦門，我方代表則搭機離開金門。

這個過程顯示著兩岸的談判事宜，即使是解決實際問題的談判，都必須經過雙方最高決策當局授權，再由各方面配合始能完成。其中尤以金門地點之選擇尤爲各界矚目，做爲軍事地區而進行談判，使得談判結果公佈後，引起反對人士之抨擊，認爲秘密談判會有出賣臺灣之嫌。

然而，金門談判亦爲兩岸的接觸與談判樹立一個新的模式，即由個案之解決，走向通案之解決，同時在打擊潛逃大陸的刑事犯方面，亦堵住一個漏洞，使一九九一年七月底的刑事犯遣返成爲事實。

金門談判後，海峽兩岸達成協議之通案性談判僅止於旅遊之事務。旅遊之談判導因於意外事故（白雲機場空難、莆田車禍）及兩岸間的旅遊糾紛。白雲機場空難中索賠問題成爲雙方爭執焦點，而莆田車禍亦然。同時大陸旅遊事務因雙方背信（臺方拖欠團費、大陸方面未按規定接待及安排、航班脫班、漲價未及早通知），所肇致之糾紛亦有待解決，遂由臺北旅行業同業公會組團赴大陸，行前理事長陳璿池前往觀光局，獲授權處理。最後與大陸達成保險、團費、漲價提早三個月通知之規定。

除此而外，發生的兩岸意外事務有三保警案件、鷹王號事件、閩獅漁事件等。而海基會的二次大陸行亦與大陸官方進行大量之接觸，除拜會相關部會之外，並與中共國務院臺辦有較爲緊密之接觸，雙方就相關業務如何聯繫，取得互相之共識與諒解。可謂是「達成溝通管道之功能」。

即使是雙方爭執甚多的「閩獅漁事件」，海基會與中共國務院臺辦之聯絡，亦遠比外界想像的更多，利用傳眞往返一再分別由海基會國臺辦向上請示，包括大陸紅十字會人員赴臺灣進行人道探視、派記者赴臺等，皆是來回傳眞、向上請示之結果⑫。

叁、接觸與談判之特質

審視此一過程，吾人不難發現，兩岸之接觸與談判的形成與過程具有如下之特徵：

⑴**由民間交往所發生之意外事件，主導談判之進行**

即由於華航機員王錫爵之駕機飛往大陸而導致兩航談判，由於偷渡客發生遣返意外而有金門談判，由於白雲機場、莆田車禍而有旅行業之談判，由於三保警被扣而有陳長文之談判與交涉，由於鷹王號之意外而有送返中共關員之交涉，由於閩獅漁意外而有國臺辦與海基會之交涉並派人赴臺探視。

⑵**形式之堅持仍具主導作用**

海峽兩岸各自有「法統」之堅持，因而形式意義有時凌駕於實質意義之上。例如郭婉容在北京參加亞銀年會開幕式，聽到中共國歌是否起立引起爭議，郭婉容有無持臺胞證等。這些形式背後所代表的「法統」觀念延伸爲談判中的某些爭執點，例如金門談判中，如何簽署

---

⑫ 海基會與中共國臺辦直接聯絡，而非經由紅十字會之層層轉達，中共官方之說法是：「事務甚多，電訊往來頻繁。」

協議日期即引發爭議，最後我方以中華民國紀元。中共以西元紀元，在各自的協議書上簽署而完成⑬。

(3)**由秘密走向公開**

原本兩航談判中，我方仍堅持秘密原則，在金門談判中亦堅持秘密原則，但自海基會成立後，逐步走向公開化發展，海基會的二次大陸行皆持公開原則。這大體是由於臺灣之內部疑慮使然。

(4)**隨機性大於計畫性**

如前所述，兩岸之接觸與談判大多由民間意外所引發，故兩岸執政當局皆無法主導下次可能接觸談判之主題，視意外的發生而呈隨機發展，並無一定計畫。以海基會之「合作打擊海上犯罪」爲例。亦是民間先有事件發生，再尋求解決之道。計畫性的缺乏，代表著兩岸無法未雨綢繆地早做準備，而只能做一時性、隨機性解決。以三保警案爲例，臺灣與大陸皆碰到法律衝突問題，卻在兩岸法律中，某一事件應依何方之法律解決？何者的法律始爲法統？以及若發生法律衝突時，應循「屬人主義」或「屬地主義」解決？

⑬有關「金門談判」的年、月、日簽署以何種紀元爲主，雙方有過激烈爭執，最後由各自紀元簽署。此事爲相關在場人士之可信說法。

(5)眞相難明之困境

眞相難明包括四方面，其一是事件之眞相，其二是談判接觸之眞相。事件眞相常呈兩岸各說各話的局面，以三保警案爲例，中共的說法是三名保警指揮錯誤才讓船老大把船開往平潭，而三名保警則於回臺後表示是發生衝突使然⑭，另外如閩獅漁事件亦然。在接觸與談判方面，一般外界僅能知其談判之結果，而無法知悉談判之過程，外界並不清楚，而中共之原則與態度，外界亦無法知悉。

(6)由個案趨向通案

由於諸種意外之發生不僅具個別性，且具普遍性，因而在處理上必須由個案走向通案處理。而通案處理非兩岸協商始能共同解決，因而接觸談判之層次只能漸次升級，由民間而趨向於「準官方」（由官方授權之機構）。但走向通案之解決必得碰到官方接觸之難題，是以有海基會之出現，由官方授權民間機構處理兩岸事務。舉例而言，涉及兩岸人員往來的遣返協定卽爲解決問題之關鍵，包括大陸偷渡客及臺灣潛逃大陸的犯罪份子，若非經由此一協定

---

⑭ 詳見一九九一年四月，《中時晚報》報導。有關三保警爲「指揮錯誤」之說，係於三保警尙未釋放前，依中共參與調查人員依三保警供述而來。三保警之說法則見諸其回臺後之報端，以及「英雄式」的說詞中。

之通案解決，即無由處理。

肆、接觸與談判的衝突與困境

如前所述之特質，已足資證明接觸與談判是由民間自行發展而成之事實所主導，無論它是否爲兩岸官方所歡迎或有充分準備，事件本身即隱伏在大量的交往之中。若是爲國際間的衝突，則可依國際慣例處理，但在分裂國家中，則無法依循此種理論。如此即形成爲兩岸在接觸談判過程中的無規範可循的困境，且由於兩岸之矛盾政治關係，又時時形成爲各種形式之衝突，加之兩岸內部各有其本身之困境，遂形成僵持難下之局面，今分爲衝突與困境兩方面來加以探討。

(1)接觸與談判之衝突

兩岸接觸與談判的衝突主要展現爲眞相、法律、原則、法統等四個範圍。

a、眞相之衝突

從最低的層次看，歷次的接觸與談判皆涉及眞相之難以查明。眞相的衝突與認定是關鍵所在。兩航談判中初則誤判爲「劫機」，三保警案中初則誤判爲劫船，閩平號漁船事件中兩岸各說各話，各做各的報告，閩獅漁事件亦是兩岸各自調查。這些事件顯見兩岸的報告總要夾雜政治考慮。此即眞相原本極易查明，卻演變爲衝突焦點的關鍵。

b、法律之衝突

法律之衝突主要顯現在兩岸民事或執行公權力機構的雙方發生衝突時，應依何種法律處理之問題。以三保警爲例，做爲執行公權力之人員處理走私船，則走私船應依中共之法律處理或依臺灣之法律處理，皆大有疑問，此即法律衝突問題。唯兩岸關係並非國與國之間的關係（即兩岸當局不可能依國際法衝突進行處理，乃係事實），故無法依國際慣例處理，唯有經由兩岸協商，確立法律衝突理論，始能建制化地處理。但目前海峽兩岸皆無法就此問題進行解決，因民、刑事法皆屬較低層次課題，但衝突時依何方之憲法爲基本依據，則牽涉到孰爲正統的「法統」問題。憲法爲國之基本大法，其餘法令與憲法牴觸則無效。中共對香港之處理係加上一條憲法，但對臺灣則無法如此辦理，雙方堅持法統之前提下，法律衝突即無法解決。三保警、閩獅漁、鷹王號事件的兩岸衝突大多肇因於此。大陸之學界曾提出「一個法統，四個法域」之理論，但因無法解決法統問題而擱置⓯。

c、原則的衝突

在屢次事件中，兩岸的原則堅持是肇致衝突的主因所在之一。臺灣方面依照「國統綱

⓯ 詳見《中時晚報》，楊渡〈一個法統，四個法域〉一九九一年五月。

領」之原則，堅持三不、間接、漸進之原則，但大陸則強調三通及雙向交流。舉凡有案件發生，大陸每每基於此一原則，希望進行更高層、更直接的接觸。但是，臺灣方面則希望維持間接的、民間的接觸與談判。原則性的衝突比前述二者之衝突更爲普通地存在每一事例中。

d、法統的衝突

前述三種衝突的結構性癥結，實則肇因於雙方對法統的堅持。中共堅持其「一國兩制」之原則，而臺灣則要求對等之原則。中共有意依香港模式處理臺灣問題，唯將英國政府改變爲國民黨而倡言「黨對黨談判」，但國民黨則以國民黨不代表民意爲由而加以拒絕。中共在法統原則上認爲唯有大陸政權代表中國，而臺灣則否定此說。恰恰是此種法統之衝突，延伸爲法律衝突、原則衝突與眞相上之基於政治原則而進行解釋。

⑵接觸與談判之困境

在接觸與談判的過程中，兩岸同時碰觸到困境。這困境與前述之衝突互爲表裏。衝突只是表象，而內部的困境才是癥結所在。

a、臺灣之困境

就臺灣內部而言，困境主要來自於民主化問題。中共所要求之「一國兩制」與「黨對黨談判」都面臨著民主化的挑戰，而臺灣自身在接觸與談判過程中，眞正的困境亦來自內部。

以目前之接觸與談判的代表性而言，海基會是由執政當局所主導完成的民間機構，但此一機構的合法性與代表性與民意機構一樣，備受質疑甚至因無法受到監督而更爲困難。卽使是執政當局的合法性與代表性在國會未進行全面改造、憲政改革未完成以前，依舊可議性甚高。此時，執政當局所設立之機構極易受到各界的批評。對海基會與陳長文的抨擊，此爲一大主因。換言之，臺灣在海峽兩岸迎面而來的各種問題中，實則內部制肘力量遠比外部爲多。民主化遂成爲發展兩岸關係的必然前提。在未完成民主化以前，首先推出的接觸與談判代表極可能在各方批評中，成爲先行犧牲者亦未可知。

目前國統會與陸委會、海基會之所以試圖尋找民進黨人士參與，卽是此種代表性與正當性備受質疑下的折衷產物。然而，僅在政黨間尋求支持者仍不足以應付外來之批評，眞正的關鍵是：民主化是臺灣進行兩岸接觸與談判的必要條件，否則將因內部困境而自亂陣腳，危機叢生，尤其以政治性強制更是非經此一階段不可。

臺灣的另一困境則是對大陸研究缺乏民間之基礎，以致於無法研究大陸之長期發展趨勢。目前臺灣對大陸之研究大體偏向傳統「匪情研究」的黨政軍及意識形態範疇。但自大陸採取開放政策後，大陸已發展出民間經濟，它以鄉鎮企業、開放城市、特區、個體戶、集體企業等形式，取代原有的唯一公有制經濟。未來之發展乃是國營企業逐步衰頹，其他形式之企業將崛起，此一趨勢又將影響中共中央與地方關係、財政、中央集權管理是否能貫徹，社會流動是否變劇等社會變遷。若是無法掌握此一社會變遷趨勢，則吾人將如同六四時期，無由判斷學運倏地發動之社會根源，而一時訴諸「唾棄共產暴政」口號一樣，毫無解釋及預測大陸未來趨勢之能力。而無由推斷大陸之發展趨勢，則對大陸政策之緩急快慢亦無由進行評估，這是另一種困境。

b、大陸之困境

大陸對臺政策之內部困境主要受到「國共第三次合作」思考方法之侷限。由於國共二黨互相有過二次合作，且雙方在歷史上有過亦敵亦友的關係，中共之對臺政策主要依循毛澤東、周恩來在早期所提出的「國共第三次合作」爲指導思想，進而引出「黨對黨談判」及葉劍英所提之九條建議[16]。

然而，由於臺灣的民主化必然導致政治權力向本土化轉移，中共之「國共合作」之議已失去其有效性，但是中共仍以此爲主要指導原則。中共國務院臺辦曾有「一個中心之二十二大塊」之主要對臺工作方針，把對象由國民黨轉移爲一般民眾，但是在兩岸問題的徹底談判解決上，仍持「黨對黨」談判。

---

[16] 中共社科院，《回顧與展望》，時事出版社，一九八九年出版。

在原則方針上，中共則堅持「和平統一、一國兩制」，即按照一個國家實行兩種制度之原則。此一理論係基於現實需要而來，但是卻無法解決理論上的難題：何以在社會主義國家之內要容納其「革命對象」的資本主義制度？再其次，一個國家之內實行兩種制度，二制度間的理論、法律、社會制度在發生衝突時，要如何處理⑰。

在有關香港問題中，中共可因港英政府的退出而取得香港之統治權，但是在臺灣，原本即存在的政權，中共雖以「一國兩制」爲綱領，但無法解決此一問題，以及二個執政當局間的法律管轄權、雙方法律衝突之解決等。中共之法律研究者曾提出「一個法統，四個法區」之概念，但在中共內部則因「四個法區」同質性高，且無法解決法統問題而作罷，尚未成爲主流的對臺政策思想⑱。

中共的對臺存在的另一困境則是對臺灣社會的不理解，而慣於以一元化思考來看待多元化社會的臺灣問題，此舉卽導致理解上的偏差。例如對臺獨問題卽是視國民黨是不鎭壓爲縱容。這種理解上的差距，導致中共無法視臺灣爲一多元化事實，仍舊希望在一個一元化系統

⑰《美洲時報周刊》，楊渡〈一國兩制的七道彎子〉，一九九一年三月。
⑱同⑮。

中，尋求談判解決之對手⑲。

c、互爲制肘的困境

在兩岸前述之內部困境中，另有互爲制肘的牽制性力量，使雙方關係充滿誤解與困境。就中共而言，一般可以理解臺灣的民主化過程爲必要。但是因民主化所必然帶來的「本土化」則充滿疑慮，認爲這是可能走向臺獨之路的發展。然而，若是未經本土化，則政權的正當性與合法性無法得到保障，根本不可能派出任何接觸與談判之代表，所謂接觸與談判亦不可能順利進行。因而中共處於矛盾之中，對臺灣的民主化充滿疑慮，而極易轉而支持反民主化的潮流。一九九〇年政爭時，中共發表權威人士講話即是試圖影響臺灣政局的制肘之表現⑳。

再以臺灣來看，提倡民間交流與一國兩地區亦爲政策之取向。但民間交流與一國兩地區如何化爲互爲輔助之力量，則未見進一步之研究。以閩獅漁事件爲例，如果中共要派官方人員前往臺灣探視，中共之目的非常鮮明即爲「官方接觸」，突破民間交往之限制。但是從另

⑲ 中共對臺獨之看法及對臺灣社會之觀點分爲兩種，一部分持「區別對待」（即把地方主義同臺獨區分看待）而可以正視地方主義，但另一部分則認爲都可能是「臺獨傾向」，目前已較傾向於前者，唯中央領導層據傳尙未有進一步具體認識，此說爲筆者採訪之觀察。

⑳ 一九九〇年四月，《中國時報》，楊渡〈中共的對臺政策盲點〉。

一方面來看，中共面臨之困境卽爲：派官方人員在臺灣，是否承認臺灣之「法律管轄權」亦卽以中華民國憲法爲基本的法律體系，如此，則中共又將如何解釋「一國兩制」之狀況？以及「法統」到底何在？事實的認定原則亦將迫使中共官方承認臺灣之法律管轄權，如此卽離「一國兩地區」之目標，更近一步。而如果中共請律師、派人前來調查，則必依臺灣之法律行事，在事實上是以既定之事實，迫使中共讓步之做法。然由於政府堅持「民間原則」而失去一次「強迫取分」的機會。這便是兩岸在「官方」或「民間」接觸中所呈現之互爲制肘又自相矛盾的困境。

伍、結論：建制化過程

在海峽兩岸的接觸與談判過程及其困境中，吾人將發現海峽兩岸對如何使分裂國家統一起來，存有最根本的歧見，這是阻礙統一的基礎性障礙。然而，接觸與談判又爲時勢所不得不然，其主導力量在民間的交往及其衍生的問題，政府在處理兩岸問題時乃面臨結構性矛盾：開放民間層次之交往，但其問題非由官方（無論出面或授權）出面解決不可。同時，民間交往中的意外亦使得接觸與談判充滿隨機性與不可測性。這些隨機性意外又拖著兩岸隨步前行，無法逆料何處會出現新的矛盾與衝突。

兩岸之接觸與談判亦無法在香港、澳門的談判經驗中獲取可資依循的軌跡。港澳不存在政治權力，亦無所謂民主化問題，一切悉由殖民地政府決定，談判亦由英、葡政府代理，所謂「香港模式」只是兩國間的談判，因而只有政治談判而無任何事務性談判。臺灣則與此迥異。由於存在中華民國政府，而中華民國政治體制又面臨憲政改革之民主化進程，反對黨與諸種民間力量崛起，因而中共無法找到英葡那樣的談判對手，加之臺海兩岸的分裂係內戰的產物，歷史因素愈發使得接觸與談判無法在歷史與未來中，找到可循出路。

然而，一如文前所述，兩岸的接觸與談判絕非是一時性的發展，而是由民間的交往積累出諸種不可測的意外，進而促成「兩航談判」以降的各種談判，甚至由於人員交往的頻繁與數量加大，意外只會愈來愈多，而談判接觸自然會隨之加多，它將逐步形成「歷史的積累」，此種「積累」又在何時會達到「質變」的來臨，則目前仍無法逆測。臺灣因而唯有在逐步的接觸與談判中，摸索自己的道路。

從宏觀的歷史視野來看，則這一段接觸與談判的過程，是兩岸關係的「建制化過程」。通過人員往來之雙方簽署協定，通過旅遊業之互相簽署協約，通過三保警、鷹王號等走私事件的處理而可能獲致的「共同打擊海上犯罪」之結論（目前海基會正在接洽中），這種種關係，顯示兩岸關係正由初開放時期的「脫序」狀態，逐步走向「建制化」。從而使人員之來去，經貿之協定、旅遊之保障，海上之糾紛，逐步朝向「建制化」發展。而兩岸之各種組織結構，亦可能朝向長期化發展。

「建制化」已然成為兩岸接觸談判的不可逆轉的趨勢。「建制化」又可分為內部結構之建制化與接觸談判管道與秩序之建制化，以及最後的「兩岸關係之建制化」。就內部組織而言，海基會、陸委會、國統會的建制已初告完成，功能能否齊備以應付未來時代之需雖仍有待考驗，但卻已組織完成。中共方面亦有國務院臺辦與中央臺辦之歸併，並設有綜合業務局以處理與海基會的交涉事宜。兩岸的內部組織結構可謂調整到粗見規模。在談判與接觸管道上，經由海基會之兩次大陸行，兩岸接觸管道已確立為海基會對「國臺辦」。此一接觸與談判的管道，目前正在進行功能試驗階段，是否有效則有待更多考驗。

但是長遠的來看，眞正的問題是要造成什麼樣的「建制化」。是中共的「一國兩制」？或「一國兩府」？或「兩國兩制」？或「一國一制」？這個原則性問題已是另外一個課題，因為它觸及實力的對比關係，國際力量的干預，以及兩黨經濟關係將朝何種方向發展，建立何種經濟關係等。它應該是另外一個論文的題目。

唯基於本題目既為「接觸與談判」，則終將走向何種歷史結局雖無法討論，但就目前之接觸與談判之經驗而論，「一國兩地區」可能是當前談判經驗中的唯一「最低公分母」。

「一國兩地區」可視爲是對地理現狀的描述，亦可視爲是兩個不同的法區。在「法統」尙無法得到解決之前，各種刑事、民事案件必將逼面而來，鷹王號、三保警、閩獅漁都是如此，兩岸的法律問題勢必要面臨「攤牌」的局面。而如何處理這個法律衝突問題呢？唯有先避開法統問題，從實際面著手處理「兩個地區」間的法律衝突，尤其是民刑事的衝突。如此，兩岸關係至少可由民刑事法律上先尋求最低層次之解決，最後再經由這些解決的歷史積累，尋找政治的解決之道。

兩岸關係在接觸與談判的形成既是基於「事實需要原則」㉑，則未來仍不免要在法律解決中，依循事實需要原則，進行談判。那麼「一國兩地區」的處理，就將成爲未來無可逆轉的事實。作爲一個完整的法律管轄權，中華民國政府對臺灣地區是毫無疑義的，而中共對大陸亦是毫無疑義的。或許通過「一國兩地區」的階段，再討論「一國兩府」或「一國兩制」，情勢會因而逆轉亦未可知。「一國兩地區」因而可能是當前「建制化」的基本架構。

㉑ 格魯修斯之法學理論卽爲「事實需要原則」。

◆「一國兩制」的七道彎子

中國大陸在形容一個人想法搞不懂或弄不清即名之爲「思想上的彎子轉不過來」。六四前後，新聞媒體記者、共產黨員、幹部中有許多人對中共將學運定位爲「動亂」不以爲然，電視即稱之爲「有些人思想上的彎子轉不過來，還無法同中央保持一致」，就是典型說法。這話證明幾件事：

①思想統一之必要。所謂思想即意識形態，任何政策、改革都必須有意識形態之基礎，透過綱領、解釋、領導人談話、內部通氣會、文件傳達、開會學習文件及討論等方式統一思想，有統一的思想才能產生主動積極性，並達致統一口徑、齊一步驟之效。因而意識形態的解釋系統對共產國家是絕對之必要。蘇聯在改革前發動各宣傳媒體批判史達林主義，即是爲改革清理意識形態領域的道路障礙，而中共在鄧小平推動改革前藉由「粉碎四人幫」以批判極左路線，亦爲改革之前奏曲。若不經過此一階段即無法推動改革，已是共產國家之必要規

律。這一點，西方資本主義國家較能理解。

②轉彎子之必要。這一點是西方或歐美思考中較難做到的，套用一句中國大陸學者的話：「西方人腦子直通通，老轉不了彎子」。以中國大陸而言，如果從馬列思想及毛澤東思想來看，當前之改革是違背正統毛思想的，因而有必要用另一套理論來詮釋，此即「社會主義初級階段」理論。但「初級階段論」其實是後來胡耀邦、趙紫陽等人所搞出來的解釋現實的理論，眞正改革的根源是中國的現實，讓農民過得好，讓經濟能發展，才是鄧小平推動改革的原因。相較於各種後設性解釋，鄧小平談得較爲坦白：「黑貓白貓會抓老鼠的就是好貓」、「摸著石子過河」、「中國特色的社會主義」，把當前現象說得一清二楚。但西方觀點對中國卻無法透視這一點，以致於僅能繞在資本主義、共產主義的二元對立範疇打轉，一如貓追自己的理論尾巴般困頓。

•

「一國兩制」也是令西方思考「轉不過彎子」的地方。以曾任《華爾街日報》駐北京記者的秦家驄（Frank Ching）發表於元月六日《中國時報》的文章〈一國兩制的邏輯基礎安在〉爲例，即明白表明：自共產黨成立於世界以來，該黨指導思想即與「一國兩制」概念不相容，中共若要放棄其和港、澳、臺等地腐化資本主義思想鬥爭的使命，其理論依據何在？

要如何自我辯護呢？秦氏並引中共之「敵我矛盾」及「內部矛盾」之概念，說明排斥社會主義革命的人們將被中共列入敵我矛盾之列，因而港澳臺地區的人們雖然是中共聲稱下的「一國兩制」所可包容者，但除非共黨重新定義其意識形態，否則唯有在「一國兩制」與放棄此一政策間作抉擇。

秦家驄是「思想的彎子」轉不過來的例子。

今日大陸之諸種理論或政策解釋，已無由在理論上找到意識形態基礎，主要仍由實際出發，現實出發。鄧小平推動改革並無「社會主義經濟改革理論」作藍圖，馬克思、列寧、毛澤東著作亦無此種理論，所以只能「摸著石子過河」。所謂「社會主義初級階段」，亦是改革後才提出的理論，其作用是藉此解釋現實以「統一思想」，解決意識形態領域之困境。「一國兩制」亦然。

最初，「一國兩制」根本未曾出現，而只是在一九七八年中共三中全會時首先確立「和平解決」臺灣問題之原則，具體做法則付諸闕如。一九七九年元旦，中國大陸之「全國人大常委」發表「告臺灣同胞書」時亦未有任何制度設計。唯七九年鄧小平訪美時，始向美國國會議員表明：「我們不用『解放臺灣』的提法，只要臺灣回歸祖國，我們將尊重那裏的現實和現行制度。」

直到一九八一年九月，葉劍英首度發表九條聲明，其中談及臺灣現行社會、經濟制度不變，享有高度自治權，並保留軍隊等等，始確立「一國兩制」之實際內容，八二年，香港問題出現時，「一國兩制」始作爲名詞及概念明確提出。鄧小平見柴契爾夫人時說得甚爲明白：「『一國兩制』的構想的提出還不是由香港問題開始的，是從臺灣問題開始的。一九八一年國慶前夕，葉劍英委員長發表的九條聲明，雖然沒有概括爲『一國兩制』，但實際上就是這個意思，兩年前香港問題提出來了，我們就提出『一國兩制』。」

•

從經濟改革的「社會主義初級階段論」到兩岸問題的「一國兩制」，事實上已清晰顯示中共的政策邏輯是：現實條件↓政策確立↓尋找理論↓思想統一。其邏輯同以往共黨之有革命理論再搞革命行動是完全不同的。

這是在面對大陸問題思考時，首需「轉」過來的第一道思想彎子。簡言之，鄧小平時代的思想方法同毛澤東思想雖有共產主義之延續性，但實際上卻是另一套邏輯。面對今日東歐變局、蘇聯改革困境也一樣，馬列並未教給社會主義信仰者一套改革藍圖，他們必須按照各自實際情況搞改革，鄧小平的「中國式社會主義」的提出亦不需訝異，蘇聯早晚也會出現「蘇聯式的社會主義」，它不可能搖身一變而爲資本主義，這是可以確定的。看看今天戈巴契夫對KGB的掌握及派部隊進入八個加盟小國就知道，「蘇聯式社會主義」不會比派坦克到北京城的「中國式社會主義」有更爲英明睿智的表現。問題，有其社會結構延伸而出的同一性，勢難避免。只不過今日之中共較早改革，面對的問題更早而已。

「一國兩制」既爲現實需要而設的概念，則中共又將如何解釋「在一個國家之內包容被革命對象的資本主義制度存在」這個難題。質言之，在一國之內容許資本主義制度之存在必然跟隨著如下幾個問題：

①全世界的無產階級革命是否進行。本國容許資本主義而要去他國進行消滅資本主義革命，理論與實際都講不通。

②面對港澳臺資本主義制度，到底是要基於階級利益去打倒資產階級，還是基於民族利益去和中共口中代表資產階級利益的國民黨合作？質言之，是民族主義還是階級利益爲重？

③社會主義被視爲社會發展之最高階段，爲何不把港澳臺（已相對成熟的資本主義社會）納爲大陸經濟之一環，如此豈非更符合正統馬克思之理論？尤其一國之內實行資本主義，社會主義的優越性何在？

④現實的問題是：爲何港澳臺的生產力水平均較大陸高？港澳臺的生產力能與大陸落後的生產力互容嗎？或是排斥呢？

⑤港澳臺與大陸實行「一國兩制」，中共到底想達到什麼功能？對大陸經濟有何用處？

⑥「一國兩制」是矛盾的存在形式，兩種對立的社會制度並存於一國之內，將呈排斥、互補或併吞、融合？

⑦此種「對立中的統一」將如何發展？「一國兩制」能維持多久？以及政治制度會怎麼發展？

以上七個問題是中共解答「一國兩制」問題時，必得面對的七道「思想彎子」。中共對這些問題的解答並非只是針對港澳臺同胞就夠了，更爲重要的是大陸的人民。如果無法回答前述問題，則中共終將無法回答人民：「爲什麼同樣是中國人，他們要活在資本主義社會，我們要活在社會主義制度下？」中共解決「一國兩制」的理論問題，因此更多是針對大陸本身的。但是，從無產階級革命家、打倒帝國主義及其走狗、全世界的無產階級團結起來到如今的與資本主義和平共存、一國之內容納資本主義、甚至保證其五十年不變，這一切對「堅持社會主義道路」的中國是何其困難而必得轉的彎子。中國的任何一個理論家要在理論上進行「九彎十八拐」以詮釋「一國兩制」並且能在理論、政治思想上維持正統、不犯錯誤就格外困難了。

中共首先要轉的第一道彎子是：社會主義與資本主義國家之間的關係如何由「革命、解放」，轉變爲「和平、共處」。此處中共運用的理論，仍將回復到馬克思、恩格斯、列寧三位鼻祖：「談論哪一種社會形態，在它所能容納的社會生產力發揮出來以前是決不會滅亡的，而新的更高的生產關係，在它的物質條件在舊社會的胎胞裏成熟以前是決不會不出現。」（馬克思《政治經濟學批判》）「（社會主義）是剛剛從資本主義社會產生出來的，因此它在各方面，在經濟、道德和精神方面都不可能不帶有它脫胎出來的痕跡。」（馬克思《哥達綱領批判》）

以此觀點，進而引論各國共產黨人長期以來所認爲的觀點：「資本主義的垂死性與腐朽性暴露無遺，全世界處在無產階級革命前夜」經由事實證明只是根本趨勢而社會主義革命之前景，而非現實。現實的是：「資本主義正處在成熟的階段，還有較強的生命力，並且在本世紀不到一百年裏所創造的生產力要比上世紀還要多，還要大。」（金泓汎《社會主義初級階段與一國兩制構想》），如此，社會主義與資本主義和平並存爲當代世界基本特徵。此即兩種主義的國際關係——「對立的統一」。

第二道彎子是民族利益與階級利益的問題。按照毛澤東「帝國主義、資產階級都要打倒」的說法，則中共應基於階級立場打倒國民黨，打倒港澳政府，使無產階級得到「徹底解放」。但是這一「打倒」則臺港澳的社會制度與經濟繁榮也一併打倒了，而將臺港奧打入戰亂貧困亦根本不符中華民族的利益（雙方中國人因內戰付出代價，無一得益，反而便宜了美、日、蘇等國，以藉此卸去中國強大之壓力），且將總體地削弱民族利益及力量。因而，基於民族利益及把帝國主義勢力作爲首要敵人，中共必須以和平統一爲原則，把內部階級鬥爭暫時放在一邊。此卽第二個彎子，中共基於民族利益現階段要與代表不同階級利益的國民黨合作，共謀中華民族之現代化。最好則是：「在大陸的資源、勞動力及市場與港澳臺的資金、技術及工業品之間，建立新的經濟互補關係，並以中國經濟圈的形式，參與亞太和世界經濟合作。」

第三個彎子則是：一國之內實行兩種制度可能嗎？中國式的社會主義爲何要容納資本主義而非加以消滅？這就牽涉到「社會主義初級階段論」了。依照中共理論家的說法：「大陸的社會主義脫胎於半封建、半殖民地社會，其生產力水平遠遠落後於發達的資本主義國家。需要在初級階段實現其他國家在資本主義條件下完成的工業化和現代化。因而允許資本主義的港澳臺地區在社會主義大陸之旁存在和發展。有其客觀必然性。這是祖國統一的社會制度基礎。」

中共是以「社會主義初級階段」論允許本身有合資企業、外資企業乃至於拍賣公營企業之存在，同時亦藉以作爲「一國兩制」之理論根據，以證明二種制度只有兼容性而非排斥性。而其母體、主體在大陸，即以社會主義爲主體，這是中共之認知。

但「初級階段」並無法證明「一國兩制」下兩種不同的社會生產力可以兼容，因此需要證明其生產力有互補之處。這就是第四彎。

由於馬克思認爲社會主義生產關係是最進步的，是與最爲先進的生產力相適應的，因而中共的理論家無法推翻社會主義生產力落後的事實與馬克思理論的矛盾，只能歸結爲歷史殘留。而對海峽兩岸的生產力，稱之爲「生產力時序的錯位」（即按照時序，由低生產力發展爲高生產力，即是由資本主義走入社會主義，但大陸社會主義與低生產力相對於臺灣資本主義與高生產力，這種現象是「錯位」），正由於這種「錯位」，所以大陸的「先進」社會主義生產關係可以與港澳臺發達的資本主義生產力併存，並以之促進社會主義生產力的發展。互補作用的生產力用時間序來看，即是大陸對臺灣的「追趕機制」和臺灣對大陸的「促進機制」。換一套臺灣語言系統來講就是大陸要吸收臺灣經濟發展的經驗並趕上臺灣，而「臺灣經驗」則可促進大陸的經濟發展。

這便是中共「一國兩制」所欲達致的經濟功能，但它牽涉到大陸經濟體制會不會發生排斥作用，也就是公有制與私有制的關係如何處理。如果大陸堅持絕對的、高度集中的所有權形式，則必然自動排斥港澳臺的私有制生產關係。但「社會主義初級階段」則使之成爲可行，並且相容。此即中共經濟改革中所出現的二大發展方向性變化：①新的公有制形式及非公有制形式陸續出現；②中外合作所有制的擴大。前者是使公有制發生變化，產生私有制（例如個體所有制）；後者的中外合資所有制則是與資本主義所有制合作，變成「國家資本主義」（列寧說：「國家資本主義就是我們能夠加以限制，能夠規定其活動範圍的資本主義。」中共持此觀點看合資企業。）個體所有制的私有制與合資企業的國家資本主義在大陸都可存在，並作爲社會主義之補充，則港澳臺何愁無法與之相容。這就是第五道「思想彎子」。

但是，另一個問題必然浮現：五〇年代時，中共不也曾秉持列寧之原則，讓公有制與私有制並存嗎？但隨後的政策又對官僚資本實行沒收，對私人資本進行社會主義改造（購買或沒收），未來的「一國兩制」會不會如此？這一點有待歷史證明，但大陸社科院臺研所提出的理論（金泓汎、郭相枝）談到二個特質：「作爲整體只容而不溶，作爲個體卽容又溶。」「容」指的是互相包容的兼容性，互不排斥，「溶」指的是溶入其中。中共理論家的解釋，整體不容意指港澳臺的總體經濟維持自主性，互相包容，但不互相溶入。而個體的「容而又溶」意指企業主（個體）通過合作、合資等溶入於大陸的生產、市場經濟之中。當然，隨著大陸本身的改革開放，個體（港澳臺企業）溶入大陸社會之中已愈來愈明顯，而「整體」（尤指臺灣）日前亦存在有「容」的部份（例如間接貿易）及「不容」的部份（如禁止直接通商、通航），如果臺灣更開放兩岸之政策則總體「相容」的部份就愈強，個體的「溶入」就愈多，但問題在於愈多個體（企業主）的溶入大陸後，整體可能會消失，它是否有一安全系數呢？此外，依香港未來而言，要讓其總體維持自主性的「容而不溶」的主控權仍在大陸，如果所有個體皆已溶入而要整體「不溶」又豈有可能？社科院的說法在理論上雖說得通，但說開來無非是「量變到質變」的思考邏輯。這就是「第六道彎子」，正表明了經濟體制欲要維持兩種制度，並繼續「五十年不變」，有其客觀上的困難，或至少個體、總體之區分是不科學的，這個思想彎子轉得顯然相當艱困。

最後即是「至少五十年不變」的一國兩制的承諾。依中共理論上的說法，在經濟發展水平上、生產力水平上要達到可以融爲一體，至少要在五十年以上，因中國「人口多、底子薄、發展不易」。但是這只是指經濟的部份，政治制度呢？眞能維持五十年不變嗎？政治制度能夠「相容」嗎？依照大陸學者（較傾向改革派者）的說法，由於商品經濟的發展，必然發展出與之相適應的民主制度，未來兩種不同性質（社會主義與資本主義）的政治制度在內容上均是要求政治民主，但由於性質不同，只能相容而無法相溶。總的說來就是，大陸與港澳臺三地皆未眞正實踐過民主政治，三岸只有階段的五十步與百步之差（看看今天臺灣的國民大會與中共人大會的樣子就知道中國人確未有過民主政治）。所以政治民主是三岸共同追求。這就是「一國兩制」在政治理論上的「存而未論」的第七道彎子，也會是個懸案，因爲港澳臺與大陸都未曾實踐過。

以這麼長的篇幅，轉過七道思想彎子，無非要向讀者解釋中共是以何種理論及用何種觀點在看「一國兩制」。如上所述，「一國兩制」是先有現實，再尋找理論的，因此，中共的理論是其實踐原則的補充，並以之做爲未來發展之依據。然而，將「一國兩制」拆解開來，其中不乏馬列理論之修正、毛澤東思想之轉變與揚棄、所有制問題的複雜、社會主義初級階段的定位、對資本主義的再認識、未來政治制度再設計上的困境等等。

•

將「一國兩制」攤開來無非是在馬列主義的正統羣山之間「連續過彎」，轉得大陸與臺灣都暈頭轉向，但中共的理論家如果不這麼做亦無法對兩岸人民交代意識形態上的問題。所以看待「一國兩制」的最好辦法仍是還其本原：能不能面對現實、解決問題，並符合人民的願望。如果無法符合人民願望，則「一國N制」的理論亦屬枉然。

——一九九一年二月

◆主權問題的虛相與實相

一九九〇年十月召開的民進黨四屆二全會「臺灣主權獨立」提案，最後在該黨主席黃信介等人斡旋之下，終以「事實主權」之陳述，擺平此一可能引發政治事件的衝突危機。然而，自民進黨「四一七」決議文以降，臺獨問題及臺灣主權歸屬問題一直困擾民進黨，黨內對此一問題固因派系糾葛而呈意識形態分裂，且招致中共及國民黨內保守人士的疑慮，但更爲重要的應該是，臺灣主權獨立到底有何目的，其目標、策略與情勢分析够不够充足，要達致主權獨立之目標可能性有多大，要冒什麼風險？能不能穿過此一風險而獲致？

可惜的是：在民進黨的決議文中，並無此一分析。尤其，①主權牽涉到國際承認的問題，如果國際不承認，則宣告其主權如何並無具體意義；②今日反對臺灣主權獨立議案最力的並非國民黨，而是中共，在缺乏對中共分析的情況下，倡言獨立，依舊無法解決主權問題；③其結果是，民進黨的「主權不及於中國大陸及外蒙」。決議文的使力對象是對內的，卽國民黨的政權矛盾。但一旦進入此一決議之內容後，將因中共之威脅而面臨增加兵力或進入軍事化國家以防範中共，則臺灣民主化進程將呈倒退的局面。這種種赤裸裸的政治力量的現實，才是在談主權問題時，應該估計的。

①國際力量對比。在談論主權問題時，最關鍵的並非法理主權或事實主權，而是國際會不會承認的問題。以伊拉克佔領科威特爲例，如果國際社會不承認，則哈珊所認定的「事實主權」亦不成立。換言之，主權是在國際現實政治的力量對比下，能否獲得承認的問題。而國際社會衡量臺海兩岸的主權承認首要之思考並非當地居民意願或人道，而是此一承認能帶來多少利益，以及招致多少壓力。所以別的國家要不要承認臺灣有獨立主權應視：①承認臺灣能爲該國帶來多少利益，及②中共之壓力有多大，二者之間衡量得失而言。以臺灣經濟關係來看，最密切的當然是美國和日本，但這二國態度已非常鮮明。美國連經援波灣戰爭都不願接受臺灣之正式援助，以避免破壞與中共之關係，卽可見一斑。而日本更不用提，日本的西進大陸經濟政策非常明顯，自不可能違背其自身利益。經濟關係最爲密切的國家猶且如此，則主權獨立在國際社會存在可能性僅剩一些小國。再加上冷戰年代結束、意識形態壁壘崩解，中共在國際上的活動空間更大，主權問題的國際承認空間只有愈來愈小，因之對國際而言，談主權問題可謂是一個無效的議題。

②對中共政權而言，其宣稱「中華人民共和國爲中國唯一合法政府」並依法據有臺灣之主權，這已是中共既定政策。中共之做法亦甚爲鮮明，斷絕臺灣之正式外交關係，卽彈性外交、雙重承認之可能性，採取你來我走，我來你走之策略，但在實質關係上則放鬆讓臺灣發展。這一點，中共「絕不鬆手」是確定的。換言之，從外交上來看，臺灣主權問題並非臺獨在想，國民黨的彈性外交，雙重承認也是這麼在做，只是不能講出來。但此次民進黨所提方案中，卻一反批判中共「蠻橫霸權」的態度，轉而要求中共應堅持其「反霸」之原則，尊重臺灣之意願。這一點也實在是對中共充滿幻想，而且到了離譜的地步。對中共的缺乏分析，缺乏力量估計，實在是今日臺獨的最大盲點。因爲恰恰是中共在使臺灣失去外交關係，失去國際社會的主權承認，這一點，在民進黨中，亦未被充分重視過。

③民進黨的臺灣主權問題，到最後因而並非指向國際社會或中共，而是國民黨，也就是在對國民黨施加壓力，促使其進行本土化改革。但在力量對比中，卻又忽略另一個問題：如果宣告臺灣主權獨立，則不能不防備中共以武力攻打臺灣，爲防備中共則武力不能不增加，軍事化訓練不能不增強，軍事統治的可能性亦不能忽略。到最後，臺灣極可能爲防備中共而重回法西斯統治的年代。獲利者是誰，當然是軍事強人，以及反民主的保守勢力。那麼，原本爲求民主化而提出的決議文可能「走向善良願望的反面」，這也是在民進黨中未曾被充分

估計的。而要見到此種結果並不難，看看召集情治首長開會的情況就可預見某些跡象。

缺乏對國際現實的分析，缺乏對中共力量的估計，尤其是缺乏對國民黨內部力量對比關係的充分估計，使得這次決議文最後以「事實主權」的字眼找到下臺階。但是「事實主權」的認知只代表當前的現實，而非未來可能的發展。無論是國民黨或民進黨，在討論主權問題時如果無法充分衡量國際力量的對比關係、中共力量及態度，則無論「主權問題」由何黨或何處提出，其實都是沒有意義的。民進黨此次的決議文雖經更改，但它的意義還是有的，那就是……送給國民黨一個向中共討價還價的籌碼，這或許是民進黨始料未及的「貢獻」。

——一九九〇年十月

◈海島主權爭議

——分析中共「共同開發」南沙群島的政策

根據最近一期的「國際石油通訊」（新加坡出版）報導，中共將以共同開發資源爲名，與菲律賓、越南、馬來西亞三國，研討南沙羣島主權歸屬問題。報導中指出，中共準備在最近排除主權爭議，以共同開發海域資源爲名，開採南沙羣島附近之石油礦藏，而主權問題則在共同開發名義下，加以解決。

由於南沙羣島屬於大陸沿海主權尚有爭議的海島，因而中共對南沙羣島所採取的態度並非單一的計畫，而是對附近主權有爭議羣島之中的一部分，它的「共同開發」計畫影響所及將遍及釣魚臺主權的歸屬及解決方案。換言之，如果中共對南沙羣島採取「共同開發」政策，則釣魚臺羣島亦可能採取與日本「共同開發」的政策，而不至於採強硬立場，拉高對峙態勢的處理模式。這是政府當局及民間在討論如何處理釣魚臺主權問題時，不能不正視的課題。

中共處理領土主權爭議問題的目前依據，大體依鄧小平的指示辦事。鄧在「穩定世界局勢的新辦法」中提到：「我還設想，有些國際上的領土爭端，可以先不談主權問題，先進行共同開發。這樣的問題，要從尊重現實出發，找條新的路子來解決。」鄧小平另在一次講話中則說：「『一國兩制』是從我們自己的實際提出來的，但是這個可以延伸到國際問題。好多國際爭端解決不好會成爲爆發點。我說是不是有些地方可以採取『一國兩制』的辦法，有些地方還可以用『共同開發』的辦法。」

中共當前對領土爭端之解決，即是依循鄧小平的這個原則，對內採「一國兩制」，對外採「共同開發」。而「共同開發」則主要針對七十年代以降的海上主權爭執而來。

海島主權問題在七十年代前並不突出，大多數海島基本上是孤島或無人居住。但世界資源日益匱乏加上石油危機後，第三世界國家才開始展開海島主權的爭奪戰，目的在海洋資源（包括漁場、礦藏等）。

釣魚臺卽是這樣的例子。它對日本原本並無太大作用，但中國大陸的中國大陸架一直延伸到接近日本的海岸，根據大陸架原則，大部份東海會成爲中共海上經濟區的一部份，而日本與南韓所進行之東海海源探勘工作，對大陸而言是侵犯主權的行動，中共亦曾多次提出抗議。日本若能佔得釣魚臺，就可將領土延伸至中國大陸的大陸架上，如此可增加與中共進行海上談判時討價還價的籌碼。

此即日本對釣魚臺不斷有動作的戰略性考慮。而非只是一個釣魚臺小島的政策而已。準此以觀，我國對釣魚臺主權的堅持亦有其必要，如果輕言放棄或鬆手，則釣魚臺將是日本勢力在亞洲擴張海洋開發的依據。而如果維持在爭議狀態，則不無爲討價還價餘地增加籌碼之意義。

鄧小平所提「共同開發」是一種折衷方案，即在堅持主權原則的同時，又可對海域開發作出讓步。否則，中共在南海東京灣與越南、菲律賓的主權爭執、在北部與日韓的爭執以及南沙羣島的問題將永無解決的可能。

然而，「共同開發」亦有其侷限性。它的首要條件是開發雙方（或數方）關係良好。以南沙羣島爲例，若非越南與中共關係轉變，則開發不可能進行。另一侷限則是必須共同開發之國家維持理性務實的態度，把主權爭議留待未來解決，否則各自爲主權爭議不休將無共同開發之可能。

中共對南沙及釣魚臺主權的態度、政策、作法，既已如前述分析，則我國政府應採取何種方案對策加以因應，將是政府決策當局認眞思考的課題。

——一九九〇年十月

◈走入聯合國的「迷宮」

一九九一年的一〇二五「加入聯合國」大遊行在和平理性中宣告落幕後，美國國務院又發表聲明，針對臺灣關係法是否適用於宣告獨立後的臺灣問題，否認其曾就此一問題發表任何正式聲明。這項聲明的重點在於：「美國長久以來對臺灣問題的政策，是基於臺灣關係法和美國與中華人民共和國之間的三項聯合公報，在公報中我們重行確認了對臺灣問題和平解決的關注。」

美國國務院的聲明是否針對白樂崎日前在華府對臺籍社團答問時所言：「臺灣改國名，臺灣關係法依然有效」而作的澄清，亦或針對中共對李潔明、白樂崎的「主權觀念應改變」頻頻批判的一種反應，我們無由得知。但明確的事實卽是：美國在處理臺灣問題時，不會只見臺灣關係法，它是作爲美國對華政策中的一環來看待及處理，亦卽臺灣關係法與三項公報是作爲對比而並存的。

這一點恰恰是在章孝嚴與謝長廷大辯論及「加入聯合國」議題中，鮮少被關注，卻是最關鍵的部分。美國對臺灣具有舉足輕重的位置，無論自政治、經濟、軍事、外交各方面而言，都是無庸論述的事實。

而如果回溯臺灣退出聯合國之歷程，則美國對臺灣的影響更具決定性地位。在論述重返聯合國此一議題時，若無法看清這一點，則空談有多少國家支持是多餘的；同理，若是無法看清美國對華政策的思考模式乃是把中共、蘇聯對照，而臺灣只是其對中國政策的一環，則僅憑恃臺灣關係法中的幾條條款是微弱而效果甚低的。

事情應該回到一九六八年尼克森當選第三十七任美國總統談起。

尼克森對中共的觀點在其就任總統前既已發表《外交》季刊，在其《回憶錄》中復有如下描述：「從長遠觀點看，我們勢不能永遠使中共被隔離於國際社會之外，讓其沈浸在幻想中，懷恨在心而威脅其鄰邦。在我們這個小小的星球，沒有一個地方是那樣地讓十億人生活於憤怒的孤立之中。……除非中共改變，否則世界斷無和平可言。……『圍堵而不孤立』就目前看來是一個很好的術語與理念，但正只涵蓋了問題的一半。照此方向發展，我們還需要一種壓制與說服兼備的主動政策，一種強有力的反毒素的政策，整頓亞洲的力量，維護和平。」

這便是尼克森展開其中國政策的思想背景。但中共正處於文化大革命狂熱中，不理或不知尼克森想法，指尼克森是「獨佔資產階級集團」選出的「新傀儡」(New Puppet)。

一九六九年三月二日是個關鍵性的日子，季辛吉在其回憶錄《白宮歲月》(*White House Years*)中寫道：「在一九六九年三月以前，中共與美國關係實仍凍結於達二十年互相缺乏信任與了解的敵對情勢上。……後來當蘇俄與中共的軍隊在西伯利亞的冰天雪地中沿著一條我們誰也未曾聽說過的河流發生流血衝突時，機會終於來了。」

這就是一九六九年，烏蘇里江中的珍寶島事件。中蘇共爆發流血衝突，雙方使館均遭駐在國的民眾包圍攻擊，三月十五日軍事衝突更增加。

中共進入備戰狀態，北京也一樣進入備戰。據事後一些資料顯示，當時蘇聯確曾就考慮是否一舉摧毀中共之核子設施而與東區盟邦磋商，時在六九年六、七月間。而中共則展開「深挖洞、廣積糧」的運動，讓文化大革命中的青年在北京城市挖地道。時隔二十餘年後，當年北京城下的地道有些成爲「地下鐵」，有些則變成旅館或地下商店街，人們幾已帶著玩笑心情在看中蘇共的珍寶島衝突與核子危機，但在當年，這卻是美國對華政策的轉機。

美國需要與中共建立關係的理由甚爲清楚：「顯然地，三角外交的運用需要機敏，就像柔道一樣，不是全靠我們本身的力量，而是運用對方的來勢將他推往我們所希望的方向。」

這便是季辛吉論「三角關係」（Triangular Relationships）的運用原理，美國擬藉中共之力壓制蘇聯。

而中共在蘇聯的武力威脅與國際外交孤立下也不得不尋求美國的協助。從美國之立場看，如果蘇聯眞的一舉發動戰爭，併吞中國，則出現的「超級大帝國」也是舉世所難以承受的。便是在這種互相需要的情勢下，中共與美國的關係獲得轉機。

一九六九年七月，尼克森藉由巴基斯坦總統雅亞（Yahya Khan）及羅馬尼亞總統希奧塞古（Nicolase Ceausescu 此君卽爲一九八九年被推翻之獨裁者而非別人），向他們表明願與中共尋求「關係正常化」並請他們扮調人。從此，雅亞與希奧塞古就來回傳話，往返於毛澤東、周恩來與季辛吉、尼克森之間。一九七〇年開始，美國務院發表恢復華沙談判的聲明。自此中（共）美之間的關係逐步建立，美國的重點在重申其不與蘇俄採取敵對中共的任何行動，而雙方原本因圍堵而來的敵意亦在降低之中。

「以談判代替對抗」既已成爲「低盪」年代之原則，則作爲其圍堵戰線上的盟邦關係必然隨之轉變，尼克森的中國政策卽是：「撤銷軍事圍堵中共的政策，而且修正一直代表我們進行圍堵的盟邦」，臺灣卽爲這盟邦，那麼，一九七八年的宣佈斷交，也就是這一政策下的產物，而非背棄盟邦的意外之舉的。差別只在於退出聯合國時是尼克森任總統，而斷交則在卡特時代，總統雖異而政策原則並無太大變化。以此來觀察美國在冷戰結束後的今日可不可能爲臺灣關係法而轉變其長期以來之政策就其理甚明了。

爲了「抗議美國改變中的對華政策」，一九七〇年時任行政院副院長的蔣經國訪美，並與尼克森晤談七十五分鐘，可謂備受禮遇，但這卻是美國對中華民國政府官員最後的隆重禮遇，往後再難見到。蔣經國在美國的會談內容是否涉及聯合國之事外界不得而知，但這也是他遇刺且並未出事的一次。同年十月二十五日，尼克森會副總統嚴家淦先生，會談四十五分鐘，尼氏重申美國對中華民國的承諾，以維持在聯合國的席位，但對中共在聯合國的地位問題則顧左右而言他。但同一天尼克森會見巴基斯坦總統雅亞，次日又會見希奧塞古，尼氏已故意直稱「中華人民共和國」之全名，此一外交訊號已甚明顯了。

至此，中共加入聯合國的地位問題在美國的處理下已不是問題，問題在如何維持盟邦臺灣的聯合國席位。一九七一年，尼克森外交報告中，有關中共部份寫明：「眾所周知，假使一個大國置身於國際秩序之外或與國際秩序維持敵對立場，則國際秩序斷無安全可言。因此，在這個十年之間，沒有什麼比將中華人民共和國納入國際社會，特別是與亞洲其餘部份的建設性關係中更具有重要挑戰性了。」

至於席位，則美國持「雙重代表制」之政策，卽中共取代我在安理會之席位，但仍保有聯合國會員國地位。說法如下：「美國期待中華人民共和國在國際組織中扮演一種建設性角色。它在聯合國的席位問題，不單單是一個它應否參加的問題，也是一個北京應否被准許其參加條件而要挾世界的問題。多年來，有一種企圖要剝奪中華民國在聯合國的席位及其在聯合國各附屬機構的成員資格，我們一直反對這種企圖，我們亦將繼續予以反對。」

一九七一年七月一日，季辛吉踏上其秘訪北京的名為「Polo 1」的行程。十月下旬，季氏為安排尼克森之次年訪問中共作二次行。這時季氏的行動又對全美廣播。美國政策轉向，其它國家亦清楚看見，則聯合國席位危機已燒至眉睫。

美國欲解決中國代表權問題，遂提出「雙重代表制」（d u a l—representation）即中共與中華民國在聯合國皆有代表。但此方案為海峽兩岸所共同反對。中華民國之反對係基於如此即放棄光復大陸使命及反共之諸種內政體制，而中共之反對則甚為斷然。

當時美國駐聯合國大使即為今之美國總統布希，在接受《美國新聞與世界報導》訪問時，布希表明，支持中共進入聯合國，但反對排除中華民國，稱「雙重代表制」非意指「兩個中國」，而是「適應實際存在的實體」，布希並認為美國在聯合國的此一提案會是一場硬仗，但投票結果的勝算很大。美國的政策就是「一個國家，兩個政府」，即「一個中國，但非現在」（One China but not now）。

然而，此一方案不被海峽兩岸執政當局接受。是年十月五日，美國又宣佈季辛吉訪北京，如此不啻對十月二十五日之聯合國代表權案予以決定性最終表態。中華民國代表卽如人們所熟知的那樣，宣告退會。

而季辛吉則在同時與周恩來正商定尼克森次年的北京訪問。自此，美國的對華政策方向底定，至今改變甚少，以迄於斷交。

這個過程，所顯示的並非意在描述當年歷史，而是由此見證中華民國在國際關係、外交上對美國的倚賴性，證諸美國對華政策之轉變卽可定奪我在聯合國席位可證一斑。而「重返聯合國」大辯論，捨棄此一關鍵而不提，實係虛構之至。

再其次，美國的對華政策乃是包含中華民國與中華人民共和國在內，並考慮亞洲局勢及蘇聯變化而來。一部臺灣關係法其實不足以保障美國對臺灣的安全承諾，八一七公報中對逐年減少軍售的規定，卽是當年「修正對圍堵盟邦政策」的延伸，更何況冷戰已結束，美國的軍事保障勢必更低，這是可想見的。

獨立與否的關鍵問題到最後只能回到美國到底可不可能支持，並願意與中共一搏之上。但回顧美國當年爲使中共納入國際社會而採較低調之「雙重承認」，卽可證明美國在國際關係中的現實主義。而當年「雙重承認」之歷史時機已失，如今欲要重返已非昔日局勢，是否能重返聯合國或加入更非換個國家名稱就了事，這已由前述歷史事實可以證明。於是我們只能說：現實的情況是，幾萬人的大遊行比不上美國對華政策的一轉，或幾句聲明。這其實是極其嚴酷，但又不能不認知的現實。當年斷交之時，美國代表團於一九七八年十二月廿七日在松山軍用機場降落，數萬羣眾以雞蛋、泥巴、番茄、油漆投向美國代表座車，使之難以行進，數萬人持青天白日旗抗議卡特政府背信忘義，「與匪勾搭」，高唱愛國歌曲。美國代表團狼狽不堪地慘逃，並在暴力中感到極度威脅。

爲此，美國代表團一度考慮中止談判，立即返國。我國政府知道事態嚴重，趕緊提出安全保證。但遭此意外，美方已無意多談，且在返美後，對我方所提要求多採反對態度。這也是當時松山機場羣眾活動的結果。

外交誠然是現實的，羣眾在國內政治活動中施壓力，但在外交中則毫無作用，甚至成爲反作用。而「加入聯合國」也必然不會是「走走走，走入聯合國」的模式，這是悲哀而又嚴酷，卻是首先必須認知的眞實。而在眞實中才能看清未來。

——一九九一年十二月

從「春燕」到「跛脚鴨」

——海峽兩岸新聞交流的歷程

記者常常被形容爲「春江水暖鴨先知」的那一隻鴨子，以表示其敏於情勢，能飛、能泳、能走的諸種能耐。但在海峽兩岸的新聞交流中實在充塞太多泛政治化因素，以致於只有「南雁北飛」，只有臺灣記者赴大陸，而無大陸記者來臺，記者這隻鴨子其實只是「跛腳鴨」，在海峽兩岸的新聞尺度下，卽使因突破國府限制赴大陸採訪而被大陸媒體喻爲第一隻「春燕」的徐璐，也因黃德北事件，成爲斷翼的燕子。

•

海峽兩岸的新聞交流，其實就是如何由春燕變成跛腳鴨的歷程。雖然國府行政院新聞局宣稱開放大陸記者來臺訪問免塡脫離共產黨的申請書，但是把新聞視爲「文化利器」並思有所利用卻是海峽兩岸共同的思考基礎，在這樣的基礎上，是毫無誠意的對話，升高的對立性喊話，如此新聞記者仍是兩岸政治夾縫中，苦於展不開格局、飛不出峽谷的鴨子。

海峽兩岸新聞交流始於民間，迄今爲止仍終於民間。它可以分爲如下二個階段：

第一階段是自由化階段

它的特色是非法的、單向的、非規範化的。即臺灣民營報紙偷跑赴大陸進行「探親採訪」，而大陸亦未做出有效規範，只能聽憑記者在大陸闖蕩江湖，各顯神通。此一階段以《自立晚報》派李永得、徐璐赴大陸採訪爲開端，至一九八九年四月，國府行政院爲因應當年五月亞銀年會在北京召開而予以合法化，准允開放記者赴大陸採訪。此時大陸正處於學運，無暇顧及記者事宜，至八九年六四事件後又發生黃德北案，中共開始對臺灣記者進行規範化管理。

一九八七年九月十一日，《自立晚報》宣稱將派記者李永得、徐璐赴大陸進行「探親採訪」。當時李徐二人已在東京向中共提出申請，而由臺北宣佈此一消息。政界人士聞悉之後幾乎是羣情大嘩，認爲此舉有違政府政策，是偷跑行爲，但自立報系則稱這是「探親採訪」，用此一又探親又採訪之模糊性名詞應付。事後的發展證明自立報系走對了這一步，因情勢發展比預期更快，新聞記者赴大陸之事已無可遏阻，隨著李徐二人是《人間雜誌》攝影記者鍾俊陞及《環球通訊社》副總編皮介行飛赴大陸。

在兩岸不通的情況下，採訪者其實極易變成被採訪對象。李徐二人成爲大陸媒體追逐的焦點。而鍾俊陞及皮介行之行踪亦迭有報導自中共通訊社發出。當時臺灣記者被中共視若稀有瑰寶，連黨內召開十三大都允許臺灣記者皮介行參加。根據美聯社報導，中共總書記趙紫陽與新的政治局常委在人民大會堂爲數百名記者舉行正式的酒會時，還與皮握手，並稱「熱烈歡迎你們來大陸」。

八七年十一月，中共卽規定了臺灣記者前往大陸採訪的處理辦法。該辦法規定臺灣記者赴大陸採訪應向「全國記協」申請，並遵守相關規定。同一時期，國府新聞局卽公佈記者赴大陸採訪，新聞局不會取締，但亦不開放。

一九八八年九月十一日在北京舉行的國際科總雙年會，由於中研院院長吳大猷力爭終而獲准參加，記者能否赴大陸採訪又被提上檯面。當時國府雖未開放，但各報已無人理會國府規定，紛紛派出大批記者赴北京。事實上，新聞局卽使如何不開放，但在缺乏法令禁止記者赴大陸的情況下，不開放政策等於是無效的。

•

進入一九八九年，隨著中國大陸知識分子簽名要求特赦魏京生的聲浪高漲，大陸新聞在臺灣變成重要的新聞，在版面上擴大予以處理。是年三月，中共召開的全國人大會議與政協會議，接受了臺灣記者的採訪申請，大批記者因而進入大陸，在「記協」的安排下，住入民族飯店，並且展開了新聞追逐戰。中共終而認識到臺灣記者兇悍而緊迫盯人的一面。

以中共統戰部長閻明復而言，就有連續三天大批記者在他家門口守候「堵人」進行隨機採訪。甚至如中共國務院臺辦主任丁關根亦在人民大會堂宴請臺灣記者。對待臺灣記者幾乎是做爲「政治任務」在處理。然而臺灣記者似乎不太在乎，仗恃中共優待處理之權利，橫衝直撞，時而採訪北大，時而與警衛生發衝突，時而連署抗議中共不尊重新聞自由。趙紫陽在位的這一段時期，以迄於六四事件發生，可謂是臺灣記者在大陸的「自由化時期」，中共官方欲管而無法管理，雖未申請採訪而天天發稿，卽使是電視臺亦跟著大拍特拍，縱去大陸各地。

與中共對外籍記者的嚴格管理相較，臺灣記者可隨處採訪，未經申請而直接聯絡，甚至到某些可能是李鵬或其他人可能進出的地點去「堵人」採訪，而未被中共處置，情況可謂是特殊禮遇了。

六四事件是兩岸新聞的轉捩點。這並非臺灣記者爲然，卽使是香港記者及外國記者也一樣。在謠言滿天飛的那段時期裏，所有的大陸媒體已被封鎖，唯有靠臺港與外國媒體「出口」，再經由美國之音轉「內銷」，當時聽美國之音幾乎是北京與城市居民的唯一消息來源。

也正是由於外電、臺灣記者成爲北京的消息源頭，六四開槍後，中共即嚴密監視記者，視之爲有特務之可能。飯店中的電話盜聽固毋庸贅言，即使行動亦有可能受到監視。自立晚報記者黃德北即是未注意必然的監視，去協助王丹逃亡，反而肇致王丹被捕，黃德北入獄。經過一段時間調查後，中共釋放黃德北並驅逐徐璐出境。此時，臺灣記者不再是大陸眼中的「壞寶」或統戰對象，而轉變爲監控注意對象了。

就在此種情況下，臺灣記者在大陸的「自由化時期」隨著趙紫陽的下臺而結束了。新的管理辦法出籠，規定臺灣記者赴大陸採訪需經由新華社香港分社的申請，獲同意後始能進入大陸。這與以往先進入大陸再申請完全是不同的尺寸規格。時在一九八九年七月。

第二階段則是六四後迄於今

其特色是單向的、合法的但卻是規範化了。中共新的臺灣記者赴大陸採訪辦法規定經由香港新華社之申請，再轉北京「全國記協」，但「全國記協」仍非權責單位，眞正權責單位在國務院臺辦。記者把本身資料及採訪主題、時間、地點寫清楚後，送香港新華社申請，如獲同意，才准許此一記者持同意採訪之通知書申請臺胞證。有趣的是，中共手中握有一個臺灣記者的名單，因而即使記者申請以探親名義赴大陸，亦難獲准。

據傳《中央日報》有一記者名林××，因同名者有數人，申請赴大陸觀光的民眾受同名之累無法得到臺胞證，遂轉而責怪《中央日報》之林××說：「妳為什麼叫林××呢？害我被認為是記者，不能去觀光。」

當《中國時報》的一位記者向中共國務院臺辦談及此事並希望改善時，中共官員笑著問：「你知道臺灣有幾個跟你同名嗎？」記者答：「只有我一個啊！」那官員笑道：「一共有三個。」

通過臺胞證的申請，大陸方面控制了臺灣記者進入大陸的時間及數量。例如某一段時間不適合有人在大陸就會不接受採訪申請，而如果適合才接受，某些人如果出現過問題，則其採訪申請可能遲遲不獲通過。

這種情形一直維持到今年六月底，但它依舊是單向的，只有臺灣赴大陸而無大陸赴臺灣。一九九〇年亞運會期間是臺灣記者繼亞銀年會之後，最大波的一次交流行動。中共對於這種單向交流當然非常不滿，屢次為文抨擊臺灣的此種做法。依照中共所發佈數字，臺灣記者至少有近二千人次進入大陸，但大陸卻一個也沒有。

這種情況要直到《中國青年報》記者鄭鳴獲國府新聞局批准來臺採訪，但又不為中共所准，以及亞運前廣東省電視臺申請來臺採訪，又被中共所禁止，才停止對臺灣的抨擊，而只是再三表明「脫離共產黨身分」規定不合理云云。

一九九一年六月二十八日，國府新聞局終而宣布廢止大陸記者來臺塡具脫離共產黨員身分及來臺塡報行程表之規定。但附帶的聲明則是另一次喊話「在對等原則下，政府同意海峽兩岸的報紙及電影在兩地發行或放映」。用邵玉銘的話說，這是利用「文化利器」展開反擊。

從最早期之限制記者赴大陸採訪，而使記者被迫以非法方式進行「探親採訪」的荒謬舉止，至今天開始了「雙向交流」的大陸新聞記者來臺採訪，事實上卽是整個兩岸關係的縮影。一如經貿、文化、人員往來等各方面一樣，海峽兩岸彷彿在走同一條路，由單向非法，走向單向合法，再進入雙向合法。

•

新聞交流中的記者彷彿是「春江水暖鴨先知」的那一隻鴨子，但在兩岸的新聞尺度下，看來只會是一隻行動處處受制、政治網羅無所不在的跛腳鴨，距離眞正的新聞自由，怕還有一大段距離。

——一九九一年七月

◆中共對臺新聞發佈之研究

序論

一個國家政策的形成，一般而言是經由資訊、情報、資料之收集、分析與研判，再參酌相關與總體之因素，進而形成政策。中華民國的大陸政策亦不例外，乃是基於對大陸資訊與情報之收集、分析、研究、判斷，再參酌當時國內外之政治、經濟、文化、社會心理、政黨等因素，考慮利與不利之影響，形成決定。

資訊的來源以及民間的影響因素因而是重要的課題。在未開放大陸探親之前，大陸資訊乃是以「匪情研究」爲主，主要由情治機構及相關之研究部門所掌握，一般民間取得不易，包括經貿資訊亦然❶。開放探親後，則發生較大的變化。其一是資訊交流已改變原來的控制

❶ 周陽山〈從匪情研究轉變爲大陸研究〉，一九九一年五月二十六日，《自立晚報》。

系統，而成為較開放的資訊系統；其二是民間對大陸政策的影響力亦相形增加，決策的形成有時是基於民間要求❷、企業界之呼籲❸、事實之需要❹、事件發生時解決迫切性（如三保警案、閩獅漁事件等），如此，決策系統的影響性因素變得較為複雜。諸種來自民間的因素所產生的作用，將在未來會因交流頻繁，衍生為政策的推動力或壓力。而對大陸政策的認知，民間亦可能因資訊來源之不同，分析研判方法之差別，而與政府有所差距。王永慶認為「大陸的投資不會與臺灣形成競爭，東南亞才反而是經濟競爭對手」，即與政府所認知之「大陸逐漸成為我出口產品競爭對手」有很大差距❺。

不同的認知緣於迥異的資訊來源、分析方法、考慮因素及研判標準。但是，無疑地中共的資訊來源是一個重要的因素，其中之重要資訊即是中共的新聞發佈。本論文之目的即在分析中共對臺新聞發佈的諸種因素，即作為資訊之一的中共對臺新聞發佈如何形成：誰在說話

---

❷ 開放探親後不斷出現呼籲大陸親屬可以來臺定居，以及通婚後可來臺定居，皆為案例，此外大陸客來臺後懷孕生子可留下定居亦然。

❸ 企業界對經貿之需要，見一九九〇年，張平沼之「經貿協調會」報告，及張世良「工業考察團」之談話。

❹ 「事實之需要」例證可證諸金門談判解決偷渡客遣返事實。

❺ 十月十一日，《中國時報》。

(who)?說什麼(what)?何種管道(in which channel)?對誰說(to whom)?以及有何效果?(with what effect)?此即新聞研究中的「五W」模式❻。

研究中共的對臺新聞發佈之所以重要在於中共的新聞有時是針對兩岸關係所作的報導、評論、反應,有時則是針對臺灣政局或所做聲明的一種反應(例如國統綱領、終止動員戡亂時期),有時則是一種「邀約式的喊話」(例如高層人士互訪)❼,中共之新聞因而不能單純地視之爲新聞,而是一種政策宣示或對臺政策之表態,我方對此加以研究,則可以作爲政府部門或相關的發言單位(如新聞局)的一種研判,以期能決定我方應否作出反應?如何反應?由誰反應?將產生何種互動關係之影響。此爲必要研究原因之一。

在人類的交流中本以直接交流爲最不易出現誤解的狀況。但海峽兩岸的政治情勢使當政者直接交流成爲短期不易實現之事,在開放探親後,新聞交流日趨頻繁,兩岸的當政者在政策宣佈上已漸漸形成「互動模式」,此即新聞之互動功能。舉例而言,一九九一年中共國務院總理李鵬政府工作報告中,本有「結束兩岸間敵對狀態」之字句,但是,由於我方在當時宣佈動員戡亂時期終止後未結束敵對狀態,並由郝柏村院長談話形諸報端,李鵬之報告乃由

❻「五W」模式係引自法國新聞學者 Bernaard Voyenne 之著作 "*Information*",一九七九,PARIS.

❼見六月七日,中共新華社之中共中央臺灣辦公室負責人談話之「三點建議」。

國務院臺辦人員加以刪除❽。此即可見出互動模式的隱然成形。在兩岸當政者無法直接溝通交流的現階段情勢下，在新聞發佈中互相喊話而形成的「新互動模式」亦使我方有必要研究中共對臺新聞發佈所透露的訊息。

根據 Bernard Voyenne 理論，新聞學研究可以分爲「作爲歷史一部份的新聞學」，即將新聞與當時法律、政治、文化並列齊觀；以及「做爲專門範疇的新聞學」，即將新聞自身之歷史、形成作一專業領域來研究，「新聞是作爲一個整體來研究，而不是一個更大的總體中的一部分❾。」但新聞研究不能孤立地處理，而是必須將訊息發佈者與社會活動間的諸種環節，作更爲深入的分析。新聞學者 Bernard Voyenne 稱之爲「一條具有內在連繫與特性的鏈條」，這鏈條的分析又必得包括幾個環節，即「五W」之問題，這一系列問題適當地描述出從新聞發佈者、新聞內容、新聞管道、新聞對象及新聞效果的完整過程。本研究即根據此一架構進行❿。

然而，應該在論文前說明的是：由於中共對臺新聞發佈領域包括了各種面向（中央、地

---

❽ 三月二十五日，《中時晚報》。

❾ Bernard Voyenne, "*Information*", CH 10, 一九七九，Paris。

❿ 同前注。

方、政策性、事務性、爭議性等），以致於量化的統計以個人研究之力尚難以進行，本論文應視爲一個初步的報告，更爲準確、量化的分析，實有待進一步的研究，同時本研究報告將因中共新聞發佈系統之封閉而加入了筆者從事新聞工作中得到的實際訊息與認知，做爲輔助證據，在中共封閉的新聞發佈系統中，某些事實及其決策系統是永遠不可能公開的，亦難獲中共證實，但作爲「中共對臺新聞發佈之研究」此一主題而言，這些實際的輔助證據又殊具重要性，因而有必要寫入以作爲參考。如果這一部分有錯誤，應歸結於筆者之責任。

誰在發言（who）——傳播者

在研究中共對臺新聞發佈時，首應回答的是此一問題，但卻是最難找到準確答案的問題。依中共之理論：「來自政府的上層輿論，不是以議論的形式出現，不像一般公眾輿論那樣分散、雜沓、多變。它反映國家意識形態，表現爲整個社會經濟觀、政治觀與思想體系。」⓫「一個稍有級別的行政官員發表的談話，在羣眾看來是代表上層輿論的被國家所控制的新聞媒介發表的各項政府公告、某些新聞、國家重大決策和領導人在正式場合的講話，

⓫ 劉建明《當代輿論學》，陝西人民教育出版社，一九九〇年一月。

更是政府輿論的集中體現。」⑫

從前述之觀點可知，在追究「傳播者」或誰在說話的問題上，我們無法將之視為是個別的人在發言，而是一個總體，一個集團，或一個決策核心的「集中體現」。

在某些個別問題上，外界或可通過蛛絲馬跡追索一個歷史時期的發言者，從而在發言者的角色上，確認其身份與位置，並進而判斷其談話的重要性。例如鄧小平、鄧穎超、葉劍英、廖承志、楊尚昆、趙紫陽、胡耀邦、江澤民等。但他們不是為個人在說話發言，而是「國家意識形態」的說明者、反映者。

但有時中共並不以個別領導人來署名發佈，反而是把領導人隱在機構後面，藉由某一單位之發言來傳遞領導人之旨意。一九五八年，八二三炮戰發生時，中共曾以國防部名義發表「國防部告臺灣同胞書」共四份，分別在當年十月六日、十三日、二十日、二十五日。依據中共對臺工作人員的說法，這四份中有三份出自毛澤東手筆。在當時的情勢下，毛澤東基於何種考慮而以國防部名義對臺發佈已無由探知，但探究其發言之權威與直言「這一點周恩來總理在幾年前已經告訴你們了」是可以證明出自毛的手筆。再其次語氣中充滿了毛式的霸氣亦可證明。例如：「同胞們，我勸你們當心一點兒，我勸你們不要過於依人籬下，讓人家把

---

⑫ 同前注。

一切權柄都拿了去。我們兩黨間的事很好辦。我已命令福建前線雙日不打……。」又例如：「我們都是中國人。三十六計，和為上計。金門戰鬥，屬於懲罰性質。……」⑬從中共臺辦較具資歷的人員口中，證實此四封信中，有三份是出自毛澤東手筆，此即證明：無論是出自何種部門、官員口中的可能訊息，都是作為「國家意識形態的反映」，而當年毛是權力集中於一手，出於何種部門皆為其意志之反映，如此卽不難理解作為像「告臺灣同胞書」的新聞發佈出自於國防部。

當然，此一「國家意識形態」是否準確無誤地讓「一定級別」的官員都清楚認知，是大有疑問的。傳播者的意志可能因認知差異而有時出現與「國家意識形態」相左的情況，或作出錯誤的判斷亦不無可能。但最為關鍵處是「國家意識形態」是可能轉變或出現不同意志的，此時何者為「國家意識形態」之準確無誤的反映就出現認知的差距。最有名的例子當屬八九民運時，中共中央總書記趙紫陽的意志與鄧小平與李鵬是不同的，對學生的處理意見亦不同，黨中央的分裂造成「國家意識形態」分裂，此時當以何人為準就變成「一定級別官員」的困惑。因此，「被國家所控制的新聞媒介」就會因國家意識形態之分裂而分崩解體。

⑬ 毛澤東以國防部名義所發表之〈告臺灣同胞書〉共四份，據中共相關人員證實，十月六日、十月十三月及十月二十五日為毛之手筆。

同樣的例子出現在對臺政策中則較少見，但亦有「表錯情」的情況。一九九〇年，中華民國總統大選中，中共發表「權威人士講話」⑭，試圖批評李登輝總統爲獨臺而左右臺灣之政局，引起朝野緊張，並加緊團結，最後終能平靜結束。據筆者做爲新聞工作者在北京採訪的了解，此一權威人士講話出自中共中央臺辦的手筆，當時辦公室主任爲楊思德，北京的政界人士咸認爲是辦公室的作業結果⑮。而事實上做出此一決定乃是必須經由楊尚昆同意才能進行。事後中共中央對臺工作領導小組曾對此進行檢討，最後得到的結論是：往後除非涉及兩岸事務之事，臺灣內政之選舉、政情（臺獨除外）之紛擾、經濟事務等，中共不再表示態度，以避免授臺灣以「干涉內政」之抨擊。

從傳播者的角色來看，則舉凡中共之主要領導人皆曾就「對臺政策」發表過談話。早期是葉劍英發表之九條建議⑯、鄧小平談一國兩制⑰、鄧穎超之接見日本參議員談話⑱。幾乎是與臺灣有關之部門、人員都發表談話。計有：鄧小平、鄧穎超、宋慶齡、彭眞⑲、楊尚昆

---

⑭ 新華社，一九九〇年三月七日。
⑮ 見《中國時報》一九九〇年三月二十五日，楊渡〈柳暗花明的兩岸變局〉。
⑯ 葉劍英發表九條建議，一九八一年九月三十日。
⑰ 鄧小平多次談及，最重要一次是會見英國首相柴契爾夫人時提出，一九八四年十二月十九日。
⑱ 鄧穎超於一九七九年一月十一日會見日本參議院代表團時談及。
⑲ 彭眞，一九八六年十一月十二日在紀念孫中山誕辰一百二十周年大會上講話。

[20]、趙紫陽、李鵬、李先念、胡耀邦等。其中發表談話最爲頻繁者具有一定的代表性，發表頻繁者卽爲當時對臺工作領導小組負責人或其中成員。如鄧穎超、廖承志、楊尚昆皆爲負責人。中共方面對臺工作領導小組一直是不公開的，但從其談話頻率約略可見與對臺工作的關係，但這些問題恐因中共秘而不宣變成無法查證。

較爲明確指出的應該是，中共對臺重大政策轉變時，必然以機構的名義正式宣佈，並輔以各部門之「呼應式反應」。一九七九年元月一日，中共人民代表大會常務委員會發表「告臺灣同胞書」，首度提出和平統一之方針，繼之是「全國政協主席」鄧小平在政協座談會講話，中共國防部宣布卽日起停止炮擊金門、馬祖，中共民航總局、郵電部與外貿部相繼提出隨時準備同臺灣有關部門洽商通商、通航、通郵事宜[21]。這是「配套」進行的諸種事宜，顯示出這個新聞（告臺灣同胞書）是經過內部開會研商決定，且與各部門協商完成的行動。

同樣的情形見諸於葉劍英以「人大委員長」身分向新華社記者發表「九條建議」[22]，當時的「配套」措施卽：鄧小平於二日後會見義大利眾議院議長尼德爾・約華時說明「葉九

---

[20] 楊尚昆，一九八七年五月二十六日在洛杉磯談臺灣問題，這是他首度對此發表對外談話。
[21] 見一九七九年新華社報導。
[22] 葉劍英於一九八一年九月三十日發表九條建議。

條」的政策方針㉓，同日，中共交通部、外貿部、郵電部、民航總局、旅遊總局、國家醫藥管理總局及紅十字總會等部門 先後做出相關決定，準備隨時配合並提供 恢復兩岸往來之條件。又過四日，中共福建省委常務書記表明，爲響應「葉九條」，福建可先辦四件事，包括閩臺兩地人民探親訪友應不受任何限制等㉔。十月九日，胡耀邦在各界記者辛亥革命七十周年發表講話時，表示可邀請蔣經國、謝東閔、孫運璿、蔣彥士等赴大陸看一看㉕。

從前述二例可見出，中共對臺政策若有大的變化，則將不會只是單一的一次聲明或談話報導，而是出之於「配套」(package)的領導人講話，部門間的配合，以及各種評論文章。

再以中共對民進黨列入臺獨黨綱前後的新聞來看，則有中共總理李鵬三次談話㉖，中共

㉓ 新華社，一九八一年十月二日。

㉔ 福建省委書記於一九八一年十月四日發表談話，表示爲響應葉劍英之號召，福建省可配合辦四件事，分別是：⑴福建與臺灣兩地立即開始接觸，交換意見；⑵閩臺兩地人民探親訪友，應不受任何限制；⑶歡迎臺灣同胞到福建定居，保證來去自由；⑷歡迎臺灣工商界人士到福建投資，發展貿易經濟，享受祖國各種優惠。詳細註明，乃是由於一九八二年的配合措施，而今一一應驗。

㉕ 一九八一年十月九日，胡耀邦在「首都各界紀念辛亥革命七十同年紀念會上講話」。

㉖ 李鵬三次對臺獨之發言爲一九九一年九月十二日接受義大利《時代周刊》訪問，十月十五日會見義大利總理及九月三十日慶祝中共「國慶」之講話。

國務院副總理吳學謙㉗、中共國家主席楊尚昆㉘、中共國務院臺辦發言人唐樹備，此外政協副主席王任重及民主黨派主要負責人皆曾在各種場合發表反對臺獨之言論。而最爲嚴重的當屬江澤民以中共中央軍委主席接受《華盛頓時報》所做訪問時的表示㉙。「配套」進行的還有《人民日報》、《瞭望》、新華社等的評論文章以及學者座談和臺籍人士講話。此次中共黨政官員除鄧小平外，其餘皆已出面警告。

值得注意的是：這是葉劍英發表九條建議以來，首度有如此之多的不同身份的「傳播者」，針對同一主題發表談話，中共在此次新聞傳播中所欲表明的「國家意識形態」主要是「反對臺獨，一個中國」，以及以前所未曾有的嚴厲措辭「玩火自焚」。

從上所述之例證，則中共之新聞發佈若依其傳播者（who）的範疇來看，則傳播之意識形態乃是「國家意識形態」，若非國家權力發生嚴重分歧如八九民運，否則不會產生傳播者的不同意識形態。當然，這是指中共官方主動發佈之新聞而言，而不是非中共媒體所進行之調查採訪或異議人士之訪問，或者是未署名消息來源之新聞。

㉗ 吳學謙講話在九月三十日「港澳辦公室」、「國務院僑務辦公室」、「臺灣事務辦公室」聯合舉行的「國慶」招待會上。

㉘ 楊尚昆談話是於十月九日，在「紀念辛亥革命八十年」的場合中。

㉙ 江澤民是於十月底接受《華盛頓時報》專訪。文見十一月二日，《中國時報》。

嚴重分歧的意見在中共官方對臺政策的新聞發佈中未曾出現過，類如九〇年三月之「權威人士講話」是因反效果而遭致內部檢討，並非分歧之新聞發佈，因而中共新聞發佈是一個集團、一羣幕僚、一個領導中心所運作的產物。

新聞內容（what）

一般而言，新聞理論將新聞內容視為是「一個連續性畫面中的一格」，即某一新聞內容若非放在事件的連續發展過程中，或將之視為社會需要、社會心理需求的一部分反映，將無從理解某一新聞內容究何所指——此即新聞之針對性，故而比喻為電影而非一幅畫[30]。

中共對臺之新聞發佈亦然，如前所述，既然傳播者是作為國家意識形態之反映，其內容亦必得經過某一決策部門之審核與修訂。而對臺政策既屬中共中央臺辦與國務院臺辦，則對臺新聞之發佈悉數需經由國務院臺辦相關部門之審核與修改，再交其媒體發佈。依據筆者十餘次在大陸的採訪經驗，中共對臺的新聞發佈需經宣傳部門、主管部門、新聞部門等審核始予發表。重要之大事則先行開會，研究情勢與應如何反應、採取何種態度、發表幾篇評論文章、或由那一級別之官員發表談話等，都必須經過開會討論。例如對國家統一綱領之反應，

---

[30] 同[9]。

對終止動員戡亂時期之反應皆是。

對新聞內容之推敲研究、新聞發佈方法應出之於領導人談話或評論是由集體做出決定，因而新聞內容應視為中共對臺政策中「宣傳」這一範疇的「連續性畫面」的一部份，而非孤立的。即使是白雲機場空難、三保警事件、閩獅漁事件、閩平漁事件等偶發性事件的文字描述、內容之處理等，皆是經由中共主管對臺事務部門（中臺辦、國臺辦）之手始予以發佈。三保警案中，中共表明「基於兩岸大局著眼」即是此種政策連貫性之考量。

從新聞內容來區分，則有如下幾類：

(1)政策性內容

主要指中共對臺政策，如早期之「和平統一」、「一國兩制」、「葉劍英九條建議」、「三通四流」到近期之「三通、雙向交流」。此類政策性新聞率皆由主要領導人如鄧小平、葉劍英、楊尚昆、中共中央臺灣辦公室出面發表。此外，李鵬在每年人大會的「政府工作報告」亦是政策性宣佈的所在。

(2)事務性內容

主要指兩岸間的諸種交流事務，如人員往來、偷渡、遣返、探親、新聞交流、經貿、文化交流、打擊犯罪、文書認證等等。兩岸間的事務性往來愈頻繁，則需要解決之事愈多，此類新聞中共大多交由職能部門負責對外發佈。例如文化部談文化交流，交通部談通航，經貿部談貿易與投資等。發言之層級雖不若對臺政策面高，但需與對臺政策負責部門（國臺辦或中臺辦）協調再予以發佈。

⑶**反應性內容**

主要係針對臺灣方面的有關政策與言論而作新聞反應。但由於如前所述，傳播者乃肩負「國家意識形態」之責任，需經開會、討論、定調子等，是以一般時效性較差，且反應之口徑一致。例如對國家統一綱領之反應、對終止動員戡亂時期之反應等是，而如若遭遇如「臺獨黨綱」之類的衝擊，其反應之模式會超越一般由職能部門發言之常態，進入主要領導人出言表態之狀況。

⑷**爭議性內容**

主要指海峽兩岸間交涉之爭端，特別是一些意外事件，例如三保警案、閩獅漁案、閩平漁案、鷹王號事件等屬之。此類爭議性事件大多在地方發生，且不涉及政策之範圍，故多由地方官員（如福建省臺辦）或職能部門（如農業部）發言㉛。

以上四類主要是中共官方發言之新聞內容分類，至若作為新聞輔佐之「評論」，如《人

㉛見閩獅漁事件時，中共農業部發言抨擊臺灣是「誣良為盜」。

民日報》社論、新華社文章、《瞭望》雜誌之評論等，主要是作為主新聞之輔助，或作為中共對臺灣某些事務反應之方式。

新聞管道(in which channel)

新聞管道一般意指傳播者經由何種媒介將其訊息發佈出來，管道通常指電臺、電視、通訊社、報紙、雜誌等㉜。中共對臺新聞發佈的管道，在早期以電臺為主㉝，主要訊息通過對臺廣播來傳播給臺灣民眾。但由於兩岸之間皆以頻率互相干擾，中共之新聞發佈能到達多少人耳中，根本是無法估計，但在開放探親以前，它確是報紙轉述之外的唯一直接管道。

報紙是開放探親前的另一管道，但由於是轉述，因而準確性是與臺灣開放的程度成正比。在傳播學中，交流愈直接則準確性愈高，但中共對臺發佈新聞只能刊載在其官方媒體或新華社所發佈之新聞中，再經由香港、臺灣媒體予以轉載。轉載單一消息是片面的，因而新聞處理上一般加上學者評述及官方之反應。例如一九八一年九月三十日，中共人大常委會委員長葉劍英發表九點建議時，新聞局長宋楚瑜即以政府發言人身份發表評論：「中共由葉劍

㉜ 同❻。
㉝ 見《回顧與展望》社科院臺研所編時事出版社發行，一九八九年九月。

英出面發表所謂『和平統一』的談話，基本上還是統戰宣傳。」㉞

一九八七年，與開放探親同時發生的解除報禁帶來新聞的開放。同時有大量記者以觀光探親名義赴大陸，臺灣終於能以自身的觀點去看大陸。再加上海內外學者、民意代表、商人、政界人士絡繹往返於海峽之間，遂使大陸的對臺新聞發佈管道變得複雜起來。從管道的複雜情況來分析，可分類如下：

(1)**中共官方之新聞媒體**

中央電視臺、中央人民廣播電臺、海峽之聲廣播電臺、中新社、新華社、《瞭望》周刊、《人民日報》等。此類媒體爲中共官方之新聞發佈機構，功能在於代表「國家意識形態」而具有權威性及準確性。

(2)**臺灣記者之採訪**

臺灣記者之採訪有階段劃分，六四之前，只要持臺胞證卽可進入大陸，然後再進行申請採訪證之手續。六四事件及黃德北事件後，中共對臺灣記者的政策顯然緊縮。爲強化國家意識形態之控制，任何官員非經上級同意不得接受採訪，不接受越洋電話採訪，以及臺灣記者

㉞見一九八一年十月一日，《中國時報》。

應先向香港新華社申請採訪證之後，再持採訪同意書向香港中國旅行社辦理臺胞證㉟。但無疑地，臺灣記者仍是中共發佈對臺新聞的新管道，某些新聞在中共相關人員有意或無意之間透露，某些政策之轉變亦需要中共官員向臺灣記者說明。例如曲折與莊仲希擬於一九九一年八月初來臺，其時又因臺北強烈指責中共干涉司法審判，對閩獅漁事件涉案人員擬進行「協商案情」，中共國臺辦綜合業務局局長鄒哲開對此立即召開記者會說明中共之原則㊱，無意干涉司法云云。此外，楊尚昆接受《中國時報》總編輯黃肇松之專訪亦是一例。

臺灣記者在大陸的角色亦令中共既需要又害怕，做爲宣傳之管道，中共需要此一管道，但是若是處理不愼則可能變成對記者「洩密」，或是「犯了錯誤」而受到內部懲罰。這也使得記者在發佈大陸新聞時，消息來源無法署名，以及消息常常出錯的原因所在。但無疑地，中共已懂得使用此一新聞發佈之管道是可以確定的。

(3)香港之傳播媒體

香港之傳媒如《文匯報》等親中共報刊，一些對臺的評論文章會在此發表，應視爲中共發表新聞評論之輔助性管道。此外尚有其它報刊雜誌亦會發佈相關新聞，但有時會出現錯誤

㉟ 見一九八九年七月十五日，《中國時報》。
㊱ 一九九一年八月八日，《中國時報》。

訊息。《南華早報》報導中共五年攻臺計畫卽爲一例[37]，次日卽爲中共官方所否認。此外如八九民運時報導李鵬下臺亦是一例。香港地位處於臺灣與大陸之間，中共曾倡言「香港模式如果成功就是對臺灣最好的範例」，自港人立場言，兩岸關係若是走得太快，香港失去其「樣板」地位，香港是否會因恐懼中共改變其政策而發佈某些新聞？其心態如何？又或者這是中共的「反面」手法，故意放出的風聲？都殊堪玩味，但不在本文詳論之列。

(4)二手傳播

大量的學者、民代、政客、商人赴大陸所帶來的影響甚難估計，但二手傳播卻是最爲顯著的。最著名的當屬鄧文儀與鄧小平見面返臺後所轉述的「三年統一時間表」。學界如楊力宇、熊玠、阮次山等人，政界較著名的爲尙潔梅聲稱帶楊尙昆邀黃信介訪大陸的親筆函，此外如林鈺祥、謝學賢、張平沼、張世良等，皆曾扮演過二手傳播之角色。中共是否有意藉此以解釋其政策，吾人不得而知，但在轉述中重申其理念，則是無可置疑的。然而，二手傳播亦可能錯誤，例如鄧文儀的「三年時間表」就是一個例子。

以上所述乃是主要發佈管道，若從中共之角度看，後三者並非其所能控制之範圍，但對

---

[37] 香港《南華早報》報導中共五年攻臺計畫，時在一九九〇年九月十九日，是日中共國務院臺辦副主任旋卽接受《中國時報》總編輯黃肇松訪問，明確否認此一傳聞。

其政策說明的新聞效果言，亦逐漸形成管道，只是不若官方媒體之正式。此外尚有國際通訊社所發佈之新聞，但由於中共官方並不視此爲對臺新聞發佈之主要管道，在訊息量上亦佔較少比例，故不贅述。

受衆（to whom）與效果（with what effect）

在自由經濟國家對「受眾」的研究首先是透過銷售數量及讀者組成結構的調查[38]。掌握銷售量並確定其接收者的總數。但是此一最初步的受眾研究方法明顯的在中共對臺新聞發佈中行不通。中共之新聞是通過臺灣媒體之轉載或再處理始予公佈，經過這一層處理則各媒體有其選擇與解釋，新聞處理之位置、版面、標題、字數、配合之評論等都涉及受眾對訊息的認知。如此卽難以確認何者是受眾所接收的訊息？是否與原傳播者意義有歧異？文字媒體如此，在「小耳朵」或電臺中所接收之訊息就更難確認有多少受眾。

然而，受眾在中共對臺新聞發佈系統中並非如一般文字媒體的讀者一樣，可以依市場銷售量測知，而是有其針對性的。作爲「國家意識形態」之反映的新聞亦隨著中共對臺政策有

---

[38] 「銷售量」作爲受眾之調查，主要是文字媒體。

所調整，從「寄希望於臺灣當局」到「更寄希望於臺灣人民」[39]，從「第三次國共合作」到以臺灣人民為宣傳工作重點的「一個中心三大重點」[40]，俱為中共對臺工作方向的轉移。此種轉移將影響新聞發佈之方向。

中共新聞發佈的預設受眾因而不一定是針對全部民眾的，有時是對「國民黨執政當局」施加壓力（例如：吳學謙警告國民黨當局不可縱容臺獨活動）有時針對特定人士如臺獨（例如楊尚昆強調：「我要正告那些熱衷搞臺獨的一小撮分裂主義份子」）[41]。此外亦有針對特定對象而發，例如江澤民在會見立委張世良時邀約「李登輝先生」到大陸來看看，或派人來接觸[42]。而就新聞傳播效果而言，某些談話亦形成「互動反應」的模式。舉例如下：

一九七九年元旦，中共人大常委會發表「告臺灣同胞書」，元月三日，蔣經國總統在中常會聲明絕不能相信也不能上當。元月十一日，孫運璿行政院長發表聲明「和平統一是全中國人的願望，但中共應放棄社會主義制度。」

一九八一年，葉劍英發表九點建議，同日新聞局長宋楚瑜即聲明：「基本上還是統戰宣

---

[39] 楊尚昆會見王桂榮等旅美臺胞之談話，原載《臺聲》雜誌，一九八八年一期。
[40] 見一九九〇年七月十二日，《中國時報》。
[41] 見一九九一年十月十日，《聯合報》。
[42] 見一九九〇年六月三十日。

傳」及「應統一在一種自由民主和一種能造福人民的制度下。」

一九八二年七月二十四日，廖承志發表致蔣經國總統的信，並表示他願往臺灣探友。七月二十七日，外交部發言人說：「不接受任何中共官員來訪。」

這種政策性的互動模式乃是藉由新聞媒介來作出反應，今日亦有許多相似之處。例如：高層人士之邀訪、國統綱領之反應等。這些是兩岸執政當局在發佈新聞時向針對性受衆的談話，因而形成互動。至於其它的受衆，例如民間對中共對臺政策的認知程度、對中共政權之認知、對中共新聞之信任度等，則有待更爲科學的量化的分析，民意測驗是最常使用的方法，但目前有關對中共新聞之民意測驗尚付諸闕如，因而有待進一步的研究才能確認中共新聞發佈之效果（to what effect）。當然，有關之民意測驗如民間對中共是否會對臺動武，或民間認爲兩岸應否談判等㊸，曾有過民意調查，但它涉及兩岸新聞並非直接傳播，中間經由各種媒體之解釋與處理，何種「效果」始代表中共新聞發佈之影響力，需要更爲精準的測驗才行，貿然引上述民意測驗爲例證，對效果（effect）的判斷恐失之武斷及片面。若就政府常常引述之「中共統戰宣傳」角度言，則如何估計其效果並加以量化就愈形重要了，而如果無此研究，對中共「以民逼官」之策略效果也就缺乏具說服力的證據依據。

㊸ 一九九〇年五月，蓋洛普民意測驗。

結　論

嚐試由新聞學研究之方法解析中共對臺新聞發佈，我們可以發現如下幾個問題：

(1)兩岸對語言的使用與認知存在歧異性

從社會語言學理論言，任何一種語言皆有其所屬之社會環境與經濟基礎，海峽兩岸隔絕四十餘年，造成兩種社會制度，從而具有迥異的語言社會環境，因而在語言的認知上存在著差距，乃為不可否認之事實。此種事實不僅為人們所熟知，並且凡赴大陸進行交涉者（如海基會）皆深有體會。語言社會環境之差異造成兩岸認知誤解的事例，最為明顯的是交涉閩獅漁號過程中出現的問題。中共方面在派曲折來臺中使用「就案情雙方不同的意見進行協商並尋求解決」之字眼[44]，我方陸委會方面則視之為「干涉司法審判，案情不容協商」[45]，稍後中共國臺辦綜合業務局局長鄒哲開於八月八日上午舉行記者會，口頭宣讀傳眞信函澄清中共派曲折等二人來臺是「了解情況」而非協商案情，臺灣認知有差距，「協商是意指十一位送

[44] 一九九一年八月七日，《聯合報》。

[45] 一九九一年八月十三日，《聯合報》。

回大陸之船員的時間與方式。」㊻。僅止「協商案情」、「協商返鄉方式」、「了解案情」、「了解情況」卽造成如此「干涉司法審判」之喧然大波，兩岸在做爲溝通工具的語言使用上所造成的差距不可謂不大。

而語言使用所代表的政治上的「份量」則更難以估量。例如王兆國言：「臺灣與大陸都是中國的一部分」是代表地理的概念、歷史的概念或文化的概念，而如果用於政治上，到底是「一個中國有兩個地區」或「一國兩制」或「一國兩府」，都大有問題。更何況一些名詞之使用定性未明，以致於認知歧異頻生。這是兩岸交流、新聞語言、政治語言使用中最常見者。有時是由於名詞本身就模糊，有時則是語言的問題，但更多是名詞背後所蘊涵的概念模糊所帶來的結果。

⑵**中共作爲傳播源並不開放透明**

許多新聞的解釋不足，查證無門，最後只能流入揣測與謠言不分，事件模糊化的結果。例如鄧文儀的三年時間表並無人具名否認，此外像香港的一些語言到底眞實性如何亦無從查證。中共的「國家意識形態」反映論所造成的乃是一個隱晦不明的新聞源及缺乏政策解釋功能的結果。舉例而言，中共於一九九一年六月七日發表中共中央臺灣工作辦公室負責人提出

㊻ 一九九一年八月十三日，《中時晚報》。

三點建議，其重要性殆無可置疑，但由於缺乏解釋系統，外界根本無由得知其背後意涵。此一意涵直到林鈺祥於六月九日接受訪問談及此一聲明，才了解原來有關武力犯臺、國際定位問題都可商談，需要談判加以解決㊼，談判中包括放棄武力犯臺必須簽署停火協定等。這應算是對行政院長郝柏村對停火協定建議的公開反應。然而由於中共缺乏解釋功能，解釋的歧異乃因之四處橫生。

若從臺灣的立場而言，則如何理解這一套新聞發佈系統，並解決其中意涵也變得格外重要，否則極易因對中共發言的錯誤估計，做出過度或過弱之反應。這也就回復到本論文開頭所論及如何評估中共之各種資訊，以做爲大陸政策參考之依據的論點，要言之，建立對中共對臺新聞發佈之who, what, in which channel, to whom, with what effect的「五W」的意義與分析，實屬必要之政策輔助。

㊼ 一九九一年六月九日，《自立早報》。

三民叢刊書目

1. 邁向已開發國家　孫　震著
2. 經濟發展啟示錄　于宗先著
3. 中國文學講話　王更生著
4. 紅樓夢新解　潘重規著
5. 紅樓夢新辨　潘重規著
6. 自由與權威　周陽山著
7. 勇往直前　石永貴著
8. 細微的一炷香　劉紹銘著
9. 文與情　琦　君著
10. 在我們的時代　周志文著
11. 中央社的故事(上)　周培敬著
12. 中央社的故事(下)　周培敬著
13. 梭羅與中國　陳長房著
14. 時代邊緣之聲　龔鵬程著
15. 紅學六十年　潘重規著
16. 解咒與立法　勞思光著
17. 對不起，借過一下　水　晶著
18. 解體分裂的年代　楊　渡著
19. 德國在那裏？(政治、經濟)　郭恆鈺・許琳菲等著
20. 德國在那裏？(文化、統一)　郭恆鈺・許琳菲等著
21. 浮生九四　蘇雪林著
22. 海天集　莊信正著
23. 日本式心靈　李永熾著
24. 臺灣文學風貌　李瑞騰著
25. 干儛集　黃翰荻著
26. 作家與作品　謝冰瑩著
27. 冰瑩書信　謝冰瑩著
28. 冰瑩遊記　謝冰瑩著
29. 冰瑩憶往　謝冰瑩著
30. 冰瑩懷舊　謝冰瑩著
31. 與世界文壇對話　鄭樹森著
32. 捉狂下的興嘆　南方朔著

三民叢刊33
猶記風吹水上鱗
余英時　著

本書以紀念錢賓四先生的文字爲主，賓四先生爲一代通儒，畢生著作無不以重發中華文化之幽光爲志。透過作者的描述，我們不僅能對賓四先生之志節與學術有深入的認識，並對民國以來學術史之發展有一概念。

三民叢刊34
形象與言語
李明明　著

藝術是以形象代替作者的言語，而在形象與言語之外，仍還有其他種種相關的問題。本書作者從藝術與時代、形式與風格、藝術與前衞、藝術與文化五個方面剖析西方現代藝術，使讀者能對藝術品本身及其相關論題有一完整的認識。

三民叢刊35
紅學論集
潘重規　著

本書爲「紅學論集」的第四本。作者向來主張《紅樓夢》一書爲發揚民族大義之書，數十年來與各方學者論辯，更堅定其主張。本書爲作者歷年來關於紅學討論文字的總結之作，也是精華之所在。

三民叢刊36
憂鬱與狂熱
孫瑋芒　著

輕狂的年少，懷憂的中年，從鄉下的眷村到大都會的臺北，從愛情到知識，作者以詩意的筆調、鋪陳豐饒的意象，表現生命進程中的憂鬱與狂熱。以純藝術表現出發，而兼及反應社會脈動，不但樹立了獨特的個人風格，也爲散文藝術開拓了新境界。

三民叢刊37

黃昏過客

沙究 著

「為樸素心靈尋找一些普通相的句子」沙究在獲得時報短篇小說推薦獎時曾對他的寫作有如是的感言，他的作品就是最好的實踐。本書將帶領您從浮生眾相中探索人類心靈的面貌。

三民叢刊38

帶詩蹺課去

徐望雲 著

我們都或多或少的讀過現代詩，但對現代詩的了解卻很少，於是許多譁眾取寵的文字便假借現代詩的名義出現，讓「詩人」成為一種笑話。本書以輕鬆的筆調、嚴肅的心情，引導讀者更接近、更了解現代詩。

三民叢刊39

走出銅像國

龔鵬程 著

「有筆有書有肝膽，亦狂亦俠亦溫文」，身處時代之中的讀書人，傾聽時代之聲，即使漠然獨立，又豈真無關切奮激之情？看龔鵬程如何以慷慨纏綿之筆，為當今的社會文化現象把脈，提出處斷的良方。

三民叢刊40

伴我半世紀的那把琴

鄧昌國 著

本書為作者歷年來對工作及生活的感懷之作。作者以深厚的音樂素養和經歷，娓娓細訴生命中的點點滴滴。一把琴，陪伴走過半世紀的歲月滄桑，樂音寄託壯志，也撫平了激越胸懷。

國立中央圖書館出版品預行編目資料

兩岸迷宮遊戲／楊渡著.--初版.--
臺北市：三民，民81
面；　公分.--(三民叢刊;43)
ISBN 957-14-1879-X (平裝)

1.中國-政治與政府-論文,講詞等

573.07　　81001701

著　者　楊　渡
發行人　劉振强
出版者　三民書局股份有限公司
印刷所　三民書局股份有限公司
地址／臺北市重慶南路一段六十一號
郵撥／〇〇〇九九九八——五號
初　版　中華民國八十一年五月
編　號　S 57020
基本定價　貳元捌角玖分
行政院新聞局登記證局版臺業字第〇二〇〇號

ISBN 957-14-1879-X (平裝)

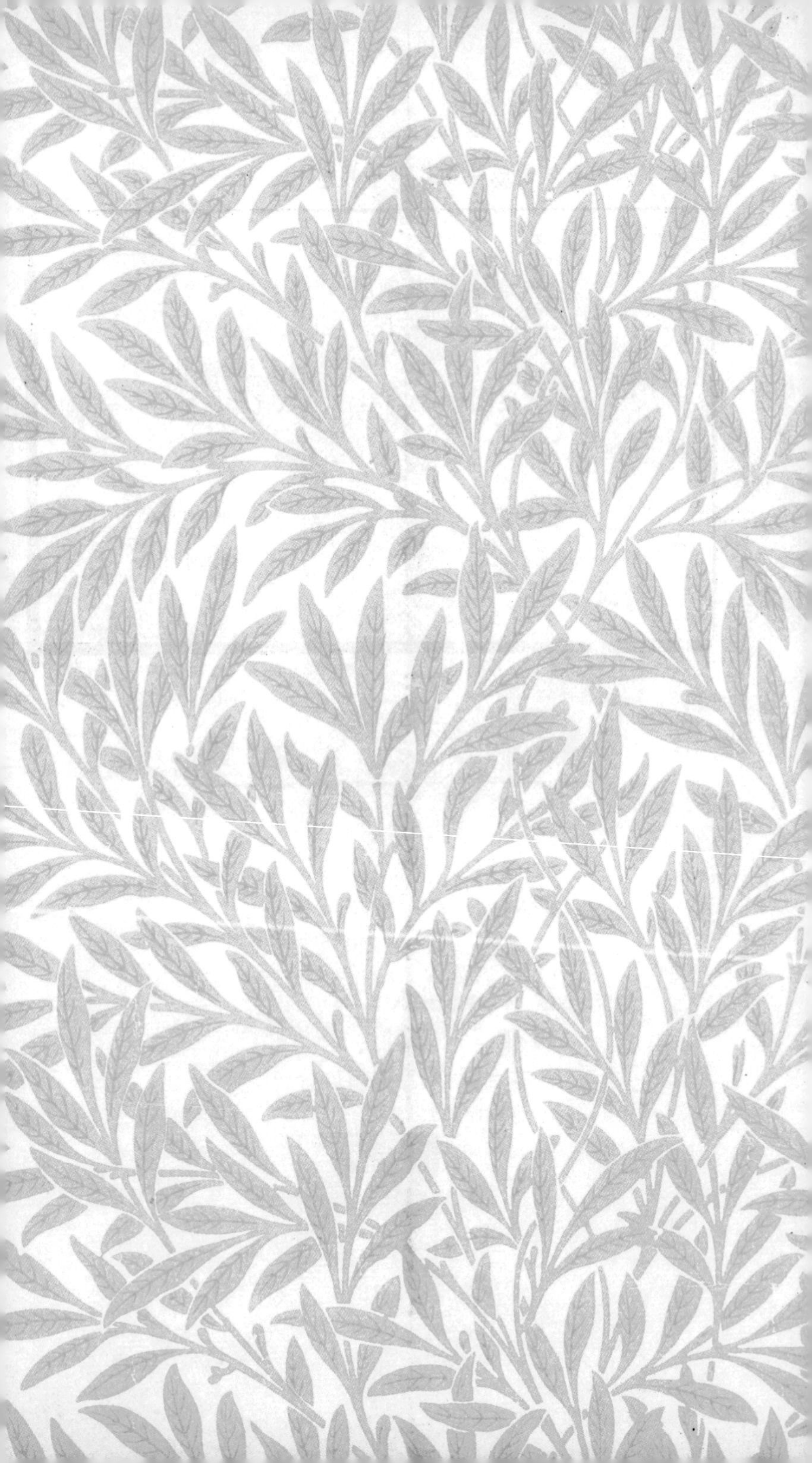